AF451585

LA MORT DE VALENTINIAN

ET D'ISIDORE

TRAGEDIE.

A LYON,

Chez CLAVDE LA RIVIERE, ruë
Merciere à la Science.

M. DC. LVI.

A MONSIEVR

DE

CAVMARTIN,

CONSEILLER DV ROY,

en sa Cour de Parlement.

MONSIEVR,

Aprés auoir entrepris ce Poëme, par l'ordre d'vne des plus aymables filles du monde, il est bien iuste de ne le donner qu'à celuy que ie connois pour vn des plus raisonnables de tous les hommes.

Cét ouurage ne pouuoit tomber, que des mains trop aimées, en celles qui ne sçauroient estre assez cheres, & si quelque passion auoit droit de profiter du débris de mon amour, il failloit que ce fut l'amitié.

En effet ie treuue peu de consolations à l'infortune d'vn Amant, s'il ne luy reste vn sage & fidelle amy qui prenne le soin d'adoucir l'aigreur de ses pertes.

Il faut que l'ame, aprés auoir contracté des at-

tachémens violents, s'entretienne par de douces bien-veillances, pour ne tomber pas du faiste au precipice ; & pour ne pas chercher la guerison de ses douleurs dans le desespoir.

L'estime que nous auons pour les personnes, est vne grande disposition pour nous en faire aimer les conseils ; & jamais la raison ne nous paroist plus belle, qu'alors que des mains cherissables prennent le soin de l'ajuster, pour nous donner plus d'enuie de l'aimer & de la suiure.

L'esprit du sage est comme vn Cube qui n'a point de face sur laquelle il ne se puisse reposer, mais si quelque grand mouuement l'agite sans cesse, & qui roule sur ses angles auec trop de rapidité, il ne sera pas moins stable que ce Cercle inconstant qui sert de base à la fortune.

Ainsi la constance, la force, le courage, la pru-dence, & la sagesse, sont des faces sur lesquelles no-stre ame peut trouuer son repos : mais il faut qu'vn amy fauorable prêne le soin de luy marquer ce point de tranquillité, & d'arrester ce grand mouuement, pour luy procurer vne fermeté qu'elle ne sçauroit se prescrire à soy-mesme.

C'est auec cette connoissance que ie vous demande ces genereuses consolations, que ma disgrace souhait-te de vostre Prudence & de vostre amitié.

Ie vous ay donné sur mon ame le pouuoir d'en vser auec souueraineté ; c'est à vous de calmer ce grand trouble qui l'agite, & de luy desseigner vne assiette ferme & constante, sur laquelle elle puisse rencontrer la douceur qu'elle cherche.

Il n'est point de medecine dont vous ne puissiez

me

me corriger l'amertume, en exigeant de moy l'obeïſ-
ſance que ie vous ay voüée, & les fortes inclinations
que i'ay de vous plairre, m'ayant fait treuuer de la
ſatiſfaction dans les choſes qui m'aigriſſent, me fe-
ront ſouhaitter mon bien auec plus d'empreſſement,
quand ie conſidereray qu'il doit eſtre vôtre ouurage.

Auſſi qui pourroit ſe deffendre d'honnorer auec
ces beaux excez vn homme que l'on peut dire tout à
fait aimable ; ce ne vous ſeroit pas aſſez d'auoir
l'ame belle, ſi ſa beauté ne ſe faiſoit remarquer ſur
voſtre viſage, & ſi ce miroir ne brilloit des lumie-
res que cette diuine hoſteſſe luy communique par
ſa reflexion.

Ie ſçay bien que c'eſt mal faire le panegirique
d'vn homme, que de le loüer par ſa beauté, & que
ſi Lipſe dans ſa politique, ne veut point que l'on
vante en vn Prince la Poëſie, la Muſique, & ces
autres qualitez aimables : il ſied mal de produire
vn grand homme auec des traits qui ſont plûtoſt
l'appanage des femmes que des grandes ames, auſſi
ne parlay-je que de ces beautez maſles, qui ſe dé-
couurent par vne Phiſionomie aduantageuſe, & qui
font dire à Charon dans ſa ſageſſe, que le viſage
eſt vn Eſcuſſon, où ſe voyent dépeints par les diffe-
rans quartiers, les Titres & la Nobleſſe de l'ame,
qu'elle a mis ſur le frontiſpice de ſon Palais, pour
apprendre qu'elle y fait ſa demeure, & pour donner dés l'abord tous les hauts ſentimens que l'on
doit auoir d'elle.

Pourquoy donc paſſer ſous ſilence les beautez du
front de l'edifice que ie veux dépeindre, & pourquoy ne vous rendre pas venerable à la poſterité,

par des marques où la nature s'est peinte pour vous
faire connoistre, & par des témoins d'autant plus
irreprochables, qu'ils parlent sans pouuoir estre cor-
rompus par la flaterie ou par la complaisance.

Ie sçay bien que vostre modestie souffre ces veri-
tés auec repugnance : mais pour ne treuuer point
mes loüanges suspectes, songez auparauant que de
m'écouter, si vous auez quelquefois reconnu que
i'aye vendu mon estime, si mon esprit par des sentimens mercenaires s'est abaissé iusqu'à de seruiles
contraintes, & s'il s'est fait des violences qui fus-
sent indignes des nobles éleuations d'vn cœur genereux ; Vous aurez plus aisément de la complaisance pour vous-mesme, & croirés auec plus de
facilité le bien que ie vous diray de vous, quand
vous considererez que l'interest ne m'a jamais fait
ouurir la bouche, que ie n'ay jamais vendu ma liberté à la fortune, & que la main qui vous presen-
te cét ouurage n'a point esté des-honnorée par les re-
compences qui suiuent d'ordinaire toutes ces Epi-
stres dedicatoires : Ie puis donc maintenant, sans
estre soupçonné de mensonge, descrire ces rares qualitez qui vous ont rendu le sujet de mon admira-
tion ; & i'aduoüe qu'il seroit mal aisé d'en faire le
tableau, s'il falloit des couleurs qui fussét aussi bril-
lantes que l'obiet qui me doit seruir de modelle.

Il est peu d'hommes qui dans vne grande ieunes-
se ayent pû combattre auec tant de force d'esprit, ces
impressions dangereuses, qui par vn sang bouillant
sollicitent la nature à des foiblesses qui sont incom-
patibles auec les grandes ames.

Vous auez treuué de la moderation dans les
plaisirs;

plaifirs ; de la temperance dans les voluptez, & du
courage dans ces nobles feruitudes, où le reſpect & la
nature nous engagent aupres de ceux de qui nous
tenons la vie.

C'eſt vn prodige de vous voir ſi peu d'âge & tant
de vertus , de nous faire admirer vne force d'ame
extraordinaire en vn corps ſi delicat , & c'eſt vn
ſujet digne d'employer ma plume, de vous dépeindre chargé des moiſſons de l'eſtude, & de vous faire voir riche de ces nobles recoltes, en vn temps où
les autres n'ont eu qu'à peine le loiſir de ſemer.

Les entretiens familiers & ſecrets que nous
auons enſemble, vous ont fait paroiſtre ce que vous
eſtes. C'eſt dans ſa maiſon que chacun ne ſe feint
plus ; & que quittant ces grauitez affectées, & ces
contenances conçertées dont il taſche de corriger ſes
défauts, il ſe monſtre au dehors tel qu'il eſt au dedans, & ſe laiſſe dans ſa famille conduire à ſon
genie, ſans le violenter par vne contrainte qui luy
ſeroit alors inutile.

C'eſt dans ces moments de retraitte que i'ay pris-
plaiſir à vous obſeruer, & que ie vous ay veu toûjours le meſme ; Voſtre prudence n'a point eu de re-
uolution qui ſe ſoit dementie, & dans les diuertiſſe-
mens ſi ie ne vous ay veu auec cette froide tempera-
ture que voſtre ſageſſe vous demande en allant au
Palais, au moins ie n'ay jamais pû vous remarquer auec vn enjoüement qui vous rendit incapable
d'y retourner à l'heure meſme.

La lecture des bons liures eſt le diuertiſſement
que vous prenez pour donner relaſche aux déuoü-

ments penibles des affaires que vous voyez.

Ces démellez embarraßans & fascheux , qui souuent font le supplice des Iuges , en faisant la condamnation des parties , n'ont rien d'aßez espineux pour vous effrayer ; si vous conceuez auec facilité , vous vous expliquez auec Politeße , & n'est jamais de ceux qui manquent de raisons pour appuyer la Iustice : ou qui la rendent importune en souſtenant sa cause , par vn flux de langue inuolontaire: & par vne longue suite de paroles inutiles.

Ne voulant descrire que les attributs qui vous sont particuliers , ie ne veux point icy parler des personnes considerables qui composent voſtre famille, ny vanter les grandes charges, les honneurs & les belles actiōs qui les ont glorieuseưẽt signalés par toute l'Europe , abhorrant la flaterie ; Ie veux bien aduoüer qu'il est des maisons illuſtres comme la voſtre : mais ie ne puis celer qu'il n'est point d'homme à voſtre âge, qui se puiße vanter d'eſtre auſſi vertueux que vous ; Ce ne seroit pas toutefois aßez de ce que nous en voyons ; s'il ne nous reſtoit encor d'infaillibles presages d'vne grandeur plus éclattante , qui pour se faire paroiſtre n'attend plus que ces experiences que l'on ne peut auoir que par les faueurs du temps, & l'opportunité des années. Alors les grandes charges vous éleueront en vn rang que vous sçaués accroiſtre par voſtre prudence , & maintenir par voſtre addreße. Nous vous verrons mettre en prattique ces belles leçons de Politique & de Morale ; & si mon genie est aßez fort , aprés auoir chanté les triomphes de voſtre ieuneße, pour

publier

publier les merueilles d'vn âge plus confommé ; ie
n'auray plus à defirer que la continuation d'vne
vie qui me fera fi chere , & l'occafion de vous témoigner par la perte de la mienne , à quel point,
ie fuis,

MONSIEVR,

Voftre tres-humble & tres-
obeïffant feruiteur,

GILLET DE LA TESSONNERIE.

A 5

AV LECTEVR.

QVELQVES-VNS de nos Maiſtres ont rendu les myſteres de la Poëſie ſi communs, qu'vn Eſcholier hors de la Grammaire, & qu'vn Artiſan par la lecture de quelques aduis au Lecteur, veulent entrer dans nos ſecrets, & produiſent au iour des ouurages inutiles qui font des-honneurs aux honeſtes gens qui ſe meſlent décrire : De ſorte que pour ne point rendre raiſon aux ignorans de l'Hepizode de Valentinian, ny du fabuleux que i'ay meſlé dans cét ouurage, ie leur declare icy que ie ne veux, ſi i'ay failly demander ma grace, qu'à ceux qui ſont capables d'inſtruire mon procez, ou ne dire mes raiſons qu'à ceux dont ie reuere les ouurages & les iugemens.

L'HISTOIRE.

L'HISTOIRE.

Valentinian fut tué par maxime pour auoir forcé Isidore, & ce coupable Empereur estant mort, cette genereuse femme, meurt d'vn saisissement qui luy prend à la veuë de ce spectacle.

Ie nay pas de beaucoup changé cette Histoire, puisque i'ay fait que Maxime tue Valentinian, & qu'ayant à rendre cét Empereur possesseur d'Isidore, pour empescher de rougir le Theatre, i'ay peint cette ioüissance auec des couleurs honnestes & modestes.

Pour Isidore en se voyant contrainte, de s'abandonner à Valentinian, estant circonuenuë par vn stratageme, ne souffroit-elle pas vne violence, dont Maxime auoit le mesme droit de punir Valentinian comme de rapt, & la parole d'Isidore & de Maxime, ayant fait leur mariage, n'est-ce pas tousiours mettre ce Cheualier dans mesmes ressentimens d'vn mary ?

Pour la mort d'Isidore, l'Histoire veut qu'elle soit venuë d'vn excez de ioye, qui pourroit bien souffrir vne interpretation tout autre que

celle

celle que l'on luy donne, puiſqu'apres le coup
funeſte dont cette mal - heureuſe reſſentoit vn
deplaiſir mortel, elle ne pouuoit auoir beaucoup
de ioye, ſans qu'il luy reſtat quelque choſe de
la douleur dont elle eſtoit preoccupée; Mais ie la
donne en proye à toutes ces deux paſſions, qui
ſe voulant eſtablir auec trop de violence, ſe de-
ſtruiſent elles meſmes, en perdant le ſujet ſur le-
quel elles vouloient exercer leur Tyrannie.

Ie ne fais point ſortir Iſidore de ſon caractere,
puiſque ie la peins genereuſe, & qu'auec la ioye
de ſe voir vengée, elle a deplaiſir de perdre celuy qui la vange, & meurt par l'excez de ſes
paſſions.

Pour Maxime le poiſon que ie luy fais prendre n'altere point l'Hiſtoire, & l'eſtat auquel il
reſte n'empeſche point qu'il ne puiſſe eſtre Empereur, puiſque la langueur qui luy prend à la ca-
ſtatrophe de la piece, loing d'eſtre vn effet de la
mort n'eſt qu'vne foibleſſe plus cauſée par ſa
douleur, que par le venin lent, qu'il a pris dont on
le peut guerir par du contre-poiſon, cóme le de-
clarent ceux qui l'emmeinent, qui l'euſſent obligé d'en prendre, ſi ſon tranſport n'euſt eſté le
maiſtre de ſa raiſon, & ne leur euſt deffendu de
ſe ſeruir de ce remede.

Il reſte encor d'autres choſes que les Doctes
auront la bonté d'excuſer, en conſiderant que
s'il n'eſt rien de parfait en ce monde : ie ſuis
bien

bien esloigné de faire vn ouurage sans defaut,
n'ayant encor acquis que le desir d'apprendre à
les imiter. Adieu, pardonnez les fautes d'impression qui sont excessiues, & que ie n'ay pû
corriger pendant mon absence.

LES

LES ACTEVRS.

VALENTINIAN, Empereur de Rome.
ISIDORE, fille aiſnée de l'Empereur.
HONORIQVE, ſœur de l'Empereur.
TRASILLE, Cheualier Romain.
ALCIRE, confidente d'Iſidore.
ALBIN, Romain.
MAXIME, Cheualier Romain.
PHOCION,
OCTAVE,   } Romains.
OLIMBRE,
COEVR DV PEVPLE ROMAIN.

---

*La Scene eſt à Rome, dans vne Salle du
Palais de Valentinian.*

LA

LA MORT
DE VALENTINIAN
ET D'ISIDORE
TRAGEDIE.

ACTE I.
SCENE PREMIERE.
VALENTINIAN.

QVOY qu'il en ſoit, ce ſonge eſt de mauuais preſage,
Et l'on void à trauers de ſa confuſe image
Vn celeſte rayon qui me vient éclairer

Au

A.

Au bord du precipice afin de m'en tirer.
Toutes ces visions sont des langues secrettes
Qui du courroux des Dieux me seruent d'inter-
 pretes,
Et quoy que vous disiez, afin de me flatter
Ces phantosmes parlans ont droit d'épouuanter.

TRAZILLE.

Les songes.

VALENTINIAN.

   Ne faits point de discours inutiles,
Ie sçay ce qu'en on dit & creu les plus habiles,
Mais ces croassemens de funestes Oyseaux,
Ces feux dedans les airs, ces débordemens d'eaux,
Et ces seditions frequentes & publiques,
Seruent de caution à mes terreurs paniques,
Ce n'est pas toutesfois qu'en estant menacé,
Ie manque d'acheuer ce que i'ay commencé,
Non, de quelque façon que les Dieux m'inti-
 mident
Ie suiuray le sentier où mes plaisirs me guident,
Et i'iray sans trembler seul maistre de mon sort,
Affronter mon destin dans les bras de la mort.

TRAZILLE à Honorique.

Quel peut estre ce songe, il est donc si terrible,

HONORIQVE

Trazille il est fascheux.

VALENTINIAN.

   Trazille il est horrible.
Et si ma sœur vouloit t'en faire le recit.

HONORIQVE.

Moy Seigneur.

      VALEN

VALENTINIAN.

Ouy dis luy comme ie te l'ay dit.

HONORIQVE.

A peine l'Empereur auoit clos la paupiere
Lors que se croyant voir tout couuert de lumiere,
Qui comme vn prompt esclair à l'instant dis-
    parut,
Il s'escria fort haut que l'on le secourut,
Mais tirant ses rideaux & ne voyant personne
Cét abandonnement le surprend & l'estonne,
D'autant plus qu'on respond à ses commandemens
Par de tristes souspirs & des gemissemens,
Alors saisi d'effroy tout a coup il luy semble
Que la teste luy tourne ou que le Palais tremble,
Mesme contre sa porte, on frappe de grands coups,
Puis il voit aussi tost en tomber les verroux,
Et comme si l'Enfer eut entre-ouuert son goufre
Il sent des puanteurs de Bythume & de souffre,
Et vois entrer vn mort à la lueur d'vn feu
Qui rendant vn faux iour tout iaunastre tout
    bleu,
Esclairoit les objets d'vne couleur funeste.
Lors....

VALENTINIAN, se resueillant de sa melancolie.

   Tu t'en souuiens mal, n'acheue pas le reste.
Ce phantosme entrant donc d'vn maintien irrité
Traisnoit à longs remplis vn drap ensanglanté,
Es cent gros neuds rempans d'vne chaisne pe-
   sante
Faisoient par interualle vn bruit plain d'espou-
   uante,

B

Lors que s'entrechoquant au point qu'il ad-
   uançoit
Courbé deſſous le faix, luy même en fremiſſoit.
En ce triſte équipage il approche ma couche,
Et d'vne main glacée ayant fermé ma bouche,
D'vne autre deſcharnée il me ſerre le bras,
Et l'ayant arraché par force hors de mes draps
Deſſus ſon eſtomach le met auec furie,
Mais ie n'y rencontray que de la chair pourrie,
Et pour ſurcroiſt d'effroy ce Phantoſme inhu-
   main
M'a laiſſé tout ſanglant ſon cœur dedans la
   main.
A ce coup impreueu rappellant mon courage
I'appuyay fortement mes yeux ſur ſon viſage,
Et vis confuſément des traits defigurez
Qui dépeignoient Maxime à mes yeux égarez,
Alors d'vn ton farouche & d'vne voix caſſée
I'ay pery, m'a-t'il dit par tá flame inſenſée,
Tu m'as volé mon cœur, mais tu m'en reſpondras,
Garde le bien, Tyran, demain tu le rendras.
Là dans le tourbillon d'vne épaiſſe fumée
Cette ombre a diſparu ma porte s'eſt fermée,
Et preſſé des efforts d'vn battement de cœur
Ie me ſuis eſueillé tout trempé de ſueur,
Cherchant encor cét vmbre auec vn œil timide,
Et demeurant ſurpris de me voir la main vuide.

TRAZILLE.

Tandis que vous aurez vn riual dans l'eſprit
Dont l'inſolente image à toute heure l'aigrit,
Vous ne pouuez, Seigneur, ſonger à d'autre
   choſe.

HONO

HONORIQVE.

Il seroit beaucoup mieux d'aller droit à la cause,
Et ployant Isidore à d'honnestes desirs,
Ne faire plus de songe, ou songer aux plaisirs
Elle dont l'on ne sçait quelle fut la naissance
Et qu'vn Grec adoptant dés sa plus tendre en-
fance,
Combla de trop d'orgueil enrompant ses liens
Et mourant sans enfans l'enrichit de ses biens.

VALENTINIAN.

Quoy la violenter ?

HONORIQVE.

Et quoy souffrir tout d'elle?
Ah ! Qu'elle est arrogante. Ah ! Qu'elle est.

VALENTINIAN *en se leuant.*

Qu'elle est belle!
Et qu'il est difficile à son diuin aspect.
D'esteindre son amour & d'estre sans respect,
Quoy que ie me propose, & quoy qu'elle me fasse,
Et tout temps sa vertu luy respond de sa grace,
Et l'a persuadée en choquant mon pouuoir
Que pour luy pardonner il ne faut que la voir,
Ouy mon ressentiment quelque grand qu'il puisse
estre,
Respectera toûjours celle qui la fait naistre,
Et ne me permettra de vanger mes douleurs
Qu'en forçant ses beaux yeux de voir couler mes
pleurs.
En vain donc ie luy veux témoigner ma colere
Puisque mes passions apprennent à luy plaire,
Et ne luy font paroistre vn excez de courroux
Que pour luy mieux montrer la force de ses coups.

O folle passion! O foiblesse honteuse!
Qu'Isidore est cruelle. Ah! Qu'elle est vertueuse,
Et que mal à propos ie serois irrité
Puis qu'enfin sa vertu fait sa seuerité.
O vous qui me voyez en ces trances mortelles,
Qui connaissez ma honte, & qui m'estes fidelles,
Ie sçay que vous souffrez aussi par sa rigueur
Puis qu'elle fait trainer vostre hymen en langueur,
Ne pouuant couronner vostre immortelle flame
Parmy les embarras qui sont dedans mon ame,
Mais ie le veux haster ce moment bien heureux,
Et pressé d'vn esprit ardent & genereux,
Ie l'enuoye querir cette belle orgueilleuse,
Afin de la contraindre à viure plus heureuse,
Partageant auec elle, & le bandeau Royal
Et le Sceptre d'Eudoxe & son lict nuptial
Ie sçay que vous voyez auec vn peu de hayne
Cette ingrate beauté dont ie fais vostre Reine
Mais pour l'amour de moy quand vous luy par-
    lerez
Ie veux croire qu'aumoins vous dissimulerez,
Et sans luy reprocher naissance ny.

HONORIQVE.

                        De grace.

Que vostre Majesté quelque choix qu'elle face.
Tienne pour asseuré que nous le reuerons,
Et que sans repugnance enfin nous le verrons,
Mais si quelque regret nous fait ouurir la bouche
C'est celuy de vous voir adorer vne souche,
Dont l'insensible humeur respond à vos bontez
Par d'aueuglés mespris & par des cruautés.

                                    TRA

TRAZILLE.

Et tout cela, Seigneur, à cause de Maxime.

VALENTINIAN.

En effet ce riual rend sa rigueur vn crime,
Mais, ô chers confidents! ie suis las d'en souffrir,
F'ay le remede en main, ie me sçauray guerir,
Et sortant mal content de cette conference
Il faut que ie la traite auec indifference,　Il voit
Il la faut oublier, il la faut abhorrer,　　entrer
Il faut se vanger d'elle. Il la faut adorer,　Isidore.
Et de quelque façon que sa rigueur me traite
Songer qu'elle est ma Reine & non pas ma sujette.
Ie ne suis plus à moy de grace laissez nous,
Et m'espargnez l'affront de rougir deuant vous,
Puisque dans les transports que mon amour me
*　donne*
Mes pleurs dementiront les droits de ma Cou-
*　ronne.*

SCENE II.

VALENTINIAN, ISIDORE.

ISIDORE voyant Valentinian presque à genoux.

AH! Seigneur:

VALENTINIAN.

C'est ainsi que l'on parle à vos Dieux.
Et c'est aussi comme eux qu'il faut traitter vos
*　yeux;*

B 3

Ces charmants ennemis. Ces cruels adorables
Ayans faits tous mes maux sont d'illustres cou-
    pables,
Et respectant leurs coups bien loin d'en murmurer
Si rigoureux qu'ils soient il les faut adorer,
Mais vous vous destournez beaux autheurs de
    ma flame :
Celestes ennemis du repos de mon ame,
Vous qui m'auez reduit en l'estat où ie suis,
D'vn regard seulement soulagez mes ennuis :
Percez iusqu'en mon cœur & chassez ces tenebres
Qui le donnent en proye à des objets funebres,
Et ne l'entretenant que d'horreurs & de morts
Le pressent de songer à de derniers efforts,
Dans la sombre fureur dont mon ame est esprise
Ie ne demande rien que l'honneur n'authorise,
Le feu qui me consomme est plus pur que le iour,
C'est vn ardent respect, vn violent Amour :
Vn fort attachement par qui l'ame enflamée
Ne se peut separer d'auec la chose aymée,
Et s'abandonnant toute à son rauissement
Semble agir quelque fois auec déreiglement,
Aussi quand sa fureur commence à vous déplaire
Vous pouuez d'vn regard dissiper ma colere,
Et chasser de mon cœur la noire impression,
Par où mes sens voudroient troubler ma passion,
Meslant leur interest au feu qui me deuore
Par l'espoir d'vn plaisir sans qui ie vous adore.
Vous le pouuez connoistre, ô trop charmant objet,
Ie puis parler en Prince, & ie parle en sujet,
Vous m'outragez sans cesse & ie n'ose me
    plaindre,

                                              Ie

Ie vous prie à genoux quand ie vous puis con-
   traindre,
Ie vous donne mon cœur apres m'auoir charmé
Et pour tant de faueurs ie ne veux qu'eſtre aymé.

ISIDORE.

Seigneur, ménagez mieux vne faueur inſigne,
Et gardez voſtre cœur puiſque i'en ſuis indigne,
Ces biens que vous m'offrez ont de puiſſans appas,
Mais ſi puiſſans qu'ils ſoient ils ne m'eſmeu-
   uent pas
Ces pompeux ornemens de la grandeur Royale
Tous ces ardents ſoupirs que voſtre flame exhale,
Ces diſcours obligeans, ces reſpects aſſidus,
Tant d'inutiles ſoings & de moments perdus,
Et ces precautions dont voſtre amour me flatte
Ne vous peuuent ſeruir que pour me rendre in-
   gratte,
Et vous donner ſujet de vous plaindre de moy,
Qui ne reſpecte en vous ny bien-facteur ny Roy,
Auſſi ne tentez plus vne choſe impoſſible,
Ce n'eſt plus qu'aux ennuis que mon ame eſt
   ſenſible,
Et les plus doux plaiſirs & les plus innocents
Ont perdu pour iamais l'empire de mes ſens,
Souſcriuant aux rigueurs des coleres celeſtes
Mes yeux ne s'ouurent plus qu'à des objets fu-
   neſtes,
Ces ſouſpirs que ie pouſſe auecque paſſion,
Sont les conſolateurs de mon affliction,
Et font vn beau meſlange où ie trouue des charmes,
Quand leurs tiedes vapeurs ſe meſlent à des
   larmes,

Bref pour nous espargner des discours superflus
Seigneur , i'aimay Maxime & Maxime n'est
    plus,
Vn vertueux amour l'eschaufant de ses flames
D'vne estrainte immortelle attacha nos deux
    ames,
Et par vn ascendant plein de diuins efforts
Fit viure l'vne en l'autre, & deux cœurs en vn
    corps :
Maintenant que le Ciel veut qu'elles se preparent
De se suiure aux Enfers ou qu'elles se separent,
Plûtost que de souffrir qu'il rompe vn neud si beau
Mon ame suit la sienne en l'horreur du tombeau,
Et se reünissant auec ce qu'elle estime
N'a plus de soin d'vn corps que la douleur anime,
Et le laissant sur terre attendra que la mort
Acheue en le frapant la gloire de mon sort,
Helas ! Maxime est mort, mon amour en est
    cause ,
Vous le sçauez , Seigneur , & n'en dis autre chose.

VALENTINIAN.

Hé quoy me croiriez vous coupable de sa mort
Ah ! ne me faites pas vn si sensible tort,
Vous sçauez qu'ayant craint que sa jalouse rage
Ne troublat l'heureux iour de nostre mariage
L'ayant tousiours aymé ie le fis arrester
Pour le mettre en estat de ne pas m'irriter,
Mais que se voulant perdre, ou se voulant voir
    libre ,
Il s'est precipité luy méme dans le Tybre,
D'ou plus d'vn mois apres en vn bord escarté.
Ses gens l'ont trouué mort & vous l'ont rapporté.

ISIDORE.

Helas en quel estat estoit ce miserable,
Son corps enflé de l'eau n'estoit plus connoissable,
Luy qui de mille attraits estoit tousiours paré,
De mille traits mortels estoit desfiguré,
De sorte que les yeux de ceux qui l'ont fait naistre
Sans la taille & le poil n'auroient peu le con-
    noistre.
Helas.

VALENTINIAN.

De son destin les Dieux seroient jaloux,
Il est mort trop heureux estant aymé de vous,
Tout plein de vostre amour son trepas fit sa gloire,
Et son dernier souspir fut vn chant de victoire.
Pour moy qui presuppose au cœur des vrais Amans
La viue expression des plus beaux sentimens,
Et qui tiens que pour plaire à la chose adorée
Il faut vne vertu tout à fait espurée,
Ie pense que lespoir & les possessions
N'ont pas droit de flatter de belles passions,
Puis qu'vn grand cœur fuyant toutes les recom-
    pences
Ne cherche ses plaisirs que dedans les souffrances,
Et trenuant dans soy mesme vn prix à sa vertu
Triomphe des desirs dont-il est combattu,
Et prefere aux douceurs dont tout ame est charmée
La gloire de mourir pour la personne aymée.
Ah! Diuine merueille vn peu plus de bonté
Ou si la haine fait vostre seuerité,
Et vous deffend d'ouyr vn discours legitime
Souffrez-le pour le moins en pensant à Maxime,
Et songeant qu'autrefois dans ces trãsports naissans

Sa vertu se seruoit de semblables accents,
Et vous persuadoit par ce méme langage
Que de sa passion est la viuante image.
Enfin pour obtenir vn rayon de vos yeux
Sans offencer l'amour d'vn riual glorieux,
Cherchez dans mes regards cette bruslante flame
Que les siens à toute heure allumoient dans vostre
     ame,
Et dites en voyant mes fers d'vn œil plus doux,
C'est ainsi qu'il pleuroit estant à mes genoux.
Ah! bien-heureux riual.

ISIDORE.

                    Ah! c'est trop me confondre,
Seigneur ces triste pleurs pourront mieux vous
     respondre
Vous les auez émeus : Vous les deuez souffrir.

VALENTINIAN.

Ah! ie meurs de douleur.

ISIDORE.

                    Que n'en peut-on mourir,
Maxime me verroit sur le riuage sombre
D'vn repos eternel consoler sa belle ombre.

VALENTINIAN.

Hé quoy vous me quittez au fort de mes douleurs.

ISIDORE.

Quel plaisir prenez-vous à voir couler mes pleurs?

VALENTINIAN.

Quel espoir donnez vous à mon amour extreme.

ISIDORE.

Ie n'ay rien à donner n'estant plus à moy-méme.

SCENE

SCENE III.

VALENTINIAN, TRAZILLE, HONORIQVE.

VALENTINIAN.

HE bien auez-vous veu comme elle m'a
traitté.

HONORIQVE.

Nous esperions de vous moins de facilité.

VALENTINIAN.

Peut-on estre cruel à de si belles larmes,
Et peut-on resister où commandent ses charmes ?
Certes ie me suis veu cent fois dessus le point
De luy tout descouurir pour ne l'affliger point,
Et de chasser l'ennuy dont-elle estoit atteinte
Renonçant aux effets d'vne importune feinte.

HONORIQVE.

Si vous luy aescouurez que Maxime est viuant,
Vous vous flattez, Seigneur, d'vn espoir de-
   ceuant,
De croire que iamais son esprit se flechisse,
Et que de son bon gré vostre hymen s'accomplisse.

TRAZILLE.

Tandis qu'elle aura lieu d'esperer son amant
Vous ne deuez, Seigneur, esperer nullement,
Mais si le croyant mort, & le mal sans remede
Vous n'auez qu'à flatter la douleur qui l'obsede,
Et combatre l'ennuy qui regne dans son sein,
Vous verrez que le temps est vn grand medecin,

Puisque

Puisque donnant secours au dueil qui la desole
Il faudra qu'à la fin son ame s'en console.

VALENTINIAN.

Aussi cette raison m'a t'elle retenu
Au point d'adoüer tout d'vn esprit ingenu,
Pressé d'vne tendresse à nulle autre semblable
Mais enfin sa douleur paroit inconsolable,
Et ie ne pense pas que ie puisse iamais
Voir d'vn heureux succez payer tant de bien-faits:
Quoy qu'il en soit, ma sœur ie te suis redeuable
D'auoir à ma fureur soustrait ce miserable.

HONORIQVE.

Craignant d'vn peuple esmeu le zele sans pareil
Plutost que par pitié i'en donnay le conseil.

VALENTINIAN.

Mais puisque cette feinte est encor necessaire
M'asseurant que le temps pourra me satisfaire,
Pour tenir donc Maxime icy secrettement
Treuue bon qu'il demeure en ton appartement,
Et qu'ostant tout soupçon qu'on auroit de sa vie
Il ne voye qu'Eracle en qui seul ie me fie.
Pour moy ie vais haster par vn dernier effort
Apres tant de trauaux ou ma gloire ou ma mort,
Mon mal est dans sa crise, & ie sens dans mon ame
Des violents transports de colere & de flame,
D'autant plus que l'honneur appuyant mes des-
*   seins*
Ne permet la contrainte ou les respects son vains.
Amour, c'est trop souffrir, viens tout brillant de
*   gloire.*   Il sort.*
Vanger tes interests & chanter ma victoire.

TRA

TRAZILLE.
Par le sang d'vn riual, vous pourriez mieux.

HONORIQVE.

                                        Seigneur,
C'est parler de Maxime auec trop d'aigreur :
Et vous m'obligerez de donner à mon frere
Des sentimens moins bas, ou de le laisser faire.

TRAZILLE.
Tels que soient mes conseils ne les condamnez pas,
Lors que vous m'abaissez mes sentimens sont bas,
Mais si vous m'esleuiez aussi haut que Maxime
Madame, ils paroistroient d'vn air plus magna-
*   nime.*

HONORIQVE.
Finissons ce discours tant de fois rebattu,
Maxime est esleué par sa propre vertu.

TRAZILLE.
Et ie suis abaissé par sa bonne fortune.

HONORIQVE.
Enfin.

TRAZILLE.
Vous le souffrez, & ie vous importune :
Mais au moins trouuez bon que ie m'en plaigne
*   à vous.*

HONORIQVE.
Ce soupçon n'est l'effet que d'vn esprit ialoux,
Et de peur qu'à la fin sa suitte ne m'estonne
Vous mesme treuuez bon que ie vous abandonne.

TRAZILLE, bas.
Va, va, le Throsne seul a fait ma passion,
Et veut que ie t'immolle à mon ambition.

Fin du premier Acte.

                                   ACTE

ACTE II.

SCENE PREMIERE.

VALENTINIAN, ISIDORE,
Sortant du cabinet.

VALENTINIAN.

Vous faites bien, Madame, & c'est auec iu-
    stice
Que vos seueritez veulent que ie perisse,
Ce grand abaissement est indigne de vous,
Vous rougissez de voir vn Prince à vos genoux,
Et ne pouuez souffrir dans l'orgueil qui vous
    braue.
La qualité d'époux auec celle d'esclaue.
Hé bien il faut vouloir tout ce que vous voulez,
Et quittant ces genoux où mes pleurs sont coulez
Vous parler de mes feux d'vn plus ferme langage
Et vaincre vos fieriez auec plus de courage,
Retenir des soûpirs que vous des-apreuuez,
Auoir des sentimens qui soient plus esleuez,
Donner à vostre orgueil vne illustre matiere
Respondre noblement à vostre humeur altiere,
Et de dessus mon Trône ayant la foudre en main
    N'expli

N'expliquer mes desseins, qu'en Empereur Ro-
   main :
Apres tant de mespris ma patience est lasse,
Ie dois me satisfaire, & non demander grace :
Et vous faisant rentrer dedans ce cabinet
D'où mon peuple vous voit sortir auec regret,
Au moment qu'il espere vne heureuse iournée
Du mutuel accort d'vn pompeux Hymenée,
Vous contraindre à donner vostre consentement
Acheuant malgré vous vostre Couronnement,
En vain vous m'alleguez qu'Eudoxe estant viuäte
Par ce second Hymen ma perte est euidente.
Guerißez vostre esprit d'vne semblable erreur
THEODOSE, n'est plus, & ie suis Em-
   pereur,
EVDOXE que le Ciel garde pour vne autre
   homme
Est dans Constantinople & vous estes dans Rome,
Et ce qu'on dit D'VRSAGE, & d'elle dans
   ma Cour
A rompu tous liens, & d'Hymen & d'amour :
Ne croyez pas pourtant que ce soit inconstance
Alors que ie la quitte & parle de vengeance :
Non, non, vous sçauez bien que preßé de vos
   coups
Auant que de la voir ie viuois tout à vous,
Et qu'aux raisons d'Estat sacrifiant ma vie
I'accorday cét Hymē pour plaire à PLACIDIE,
Enfin ne craignez rien & rentrez....

                    ISIDORE.

                              A ! Seigneur.
Commment parler d'amour & mourir de douleur.

                              VALEN

VALENTINIAN.

Et comment voulez vous moy-mesme que ie viue
Sans espoir de guerir d'vne ardeur excessiue.
I'en ay trop enduré....

ISIDORE.

I'en ay bien plus souffert.

VALENTINIAN.

Vn Trône offence-t'il alors qu'il est offert ?

ISIDORE.

Ouy quand fermant les yeux à toute la nature
Nostre souuerain bien est dans la sepulture.

VALENTINIAN.

Ah ! c'est trop repeter vn discours ennuyeux.

ISIDORE.

Il choque vostre oreille, & vous blessez mes yeux,
Enfin puis qu'il est temps de ne se plus con-
traindre,
Appelle tes bourreaux ie suis lasse de feindre :
De tous les mouuemens de ton iniuste erreur,
Tyran, ie n'aimeray que ta seule fureur,
Qu'elle passe à l'excez, & si tu veux me plaire
Fais que le chastiment responde à ta colere,
Et qu'ayant des rigueurs qui fassent tout fremir,
I'en souffre le spectacle & l'effet sans blesmir
Tu m'aimes mais apprens que les fers & les
flames
Qu'vn noir demon destine au supplice des ames,
Les Vautours, les Dragons, les Hydres, les
Serpens,
Et des sombres cachots, tous les monstres rem-
pans :
Les discordes, l'effroy, le meurtre, les furies,

Le

Le defordre , l'horreur , la mort, les barbaries :
Et tout ce que l'Enfer a de plus odieux,
Eft beaucoup plus que toy fuportable à mes yeux :
Que deuient ton courroux ton ame s'endort-elle
Ayant tant de matiere à paroiftre cruelle,
Quand on parle de fang , peut-elle fommeiller,
Vn meurtre la demande il la faut efueiller :
Barbare tire-la d'vn repos letargique
Et viens-la diuertir d'vn fpectacl. tragique,
Les feules cruautez te peuuent reüffir
Tu ceffes d'eftre aimable en voulant t'adoucir,
Et ternis en laiffant mes fautes impunies
Vn concours éclattant de longues tyrannies,
En eft-ce dire affez, Tyran finis mon fort,
Tu m'aimes, ie te hay cent fois plus que la mort.

VALENTINIAN.

Helas qu'auez-vous dit : Belle & fage Ifidore,
Pourquoy haïffez-vous celuy qui vous adore ?
Loin de vous emporter à cette extremité,
Alors qu'en vous parlant ie me fuis emporté,
Aux efforts violents du feu qui me deuore
Voftre infigne bonté deuoit fouffrir encore,
Et tenir affeuré qu'enfin ie reuiendrois
Prier auec refpect celle que i'adorois.
Sçachant que mon deffein n'eft pas de vous de-
*   plaire*
Que ne vous riez vous de toute ma colere ?
Et quand ie menaçois ne fçauiez vous pas bien
Apres auoir tout dit que ie ne ferois rien,
Et qu'enfin vous fçauriez en pouuant toute chofe
Deftruire d'vn regard tout ce que ie propofe.
Ah ! Dieux que ce reproche a pour moy de rigueur,

C

34
Que ce difcours a mis d'efpines en mon cœur,
Que i'ay peine à chaffer ces images fanglantes
Et d'oublier enfin ces paroles picquantes.
Mais, au moins dites moy ce que ie vous ay fait
Pour auoir trop d'amour eft-ce vn fi grand forfait,
Pour n'eftre pas aymé fuis-ie tenu coupable ?
Ou fuis-ie criminel pour n'eftre pas aimable ?
Parlez donc ma Princeffe, & dites moy pourquoy
Les monftre de l'Enfer vous plairoient plus que
  moy.

ISIDORE.

Te faut-il declarer fe fujet de ma haine,
Eft-il temps de parler, Tyran, ie fuis Romaine :
La Grece que l'on croit qui m'a donné le iour
Me fert pour mieux cacher mes deffeins en ta cour,
Et pour te fufiiter auec plus d'auantage
Quelqu'vn de qui le bras, feconde mon courage :
Tous mes peres font morts, dans vn fi beau deffein,
Et l'ont auec le fang fait paffer en mon fein :
Et c'eft pour ce fujet que ton pere Conftance,
Pour efteindre ma race au point de ma naiffance,
Ordonna qu'on me mit à la mercy de l'eau
D'où par miracle vn Grec retira mon berceau,
Et me faifant apres nourrir dans fa famille
M'aprit cette aduenture, & de qui i'eftois fille,
Le nom de Scipion, graué fecrettement,
Au deffus de mon cœur, en traits de diament :
Et les clartez que i'ay du temps & des affaires
Beaucoup mieux que ce Grec m'ont dit quels font
  mes peres.
Moy qui n'ay pû iamais entendre fans horreur
Ces nõs de Sauuerain, de Maiftre, & d'Empereur,
          Et

Et ne sçaurois souffrir que la Reine du monde
Produise à son Tyran, le sang dont-il l'inonde:
L'instinct que nous prenons des lieux d'où nous
    sortons
M'apprend bien que ie sors des filles des Catons,
Et par l'abaissement des siecles où nous somme
Ie vois que Rome est morte auecque ces grands
    hommes
Puis qu'aux fers des Tyrans chacun donnant les
    mains
Pour la ressusciter il n'est plus de Romains,
Ces suittes d'Empereurs que le temps iustifie,
N'ont esté souuerains que par la Tyrannie,
Et nostre liberté depuis vn siecle entier
Est lasse de gemir, & ne peut plus crier:
Ce sont des veritez que ie t'aurois cachées
Si ce grand desespoir ne les eust arrachées,
Pour aigrir ton courage & t'oster le dessein
De prendre vne moitié pire qu'vn assassin,
Qui comme vne furie entrant dedans ta couche
Te voudrois estouffer les soûpirs en la bouche,
Et de ses propres mains t'ayant ouuert le flanc
Deschireroit ton cœur & boiroit de ton sang.

VALENTINIAN.

Hé! quoy pour moy ta haine est donc enracinée?
Et c'est pour mon mal-heur auec toy qu'elle est née?
Mais ie la veux corrompre à force de bien-faits,
Et d'vn excez d'amour ie donner tes effets.
Certes ie suis confus d'auoir apris ces choses
De découurir ta haine & d'en sçauoir les causes,
Ta naissance m'estonne, & ce que tu m'as dit
Me fait encor fremir & me rend interdit.

C 2

Mais c'est trop balancer où l'amour est extremé
Puis qu'il faut en t'aymant renoncer à soy-mesme,
Oublier les grandeurs & n'en attendre rien,
Tu seras desormais & ma gloire & mon bien,
Insensible aux presens que la fortune donne
Ce n'est que de tes mains que ie veux la Couronne,
Et quand par mes soûpirs t'auray pû la gagner
Si ce n'est sur ton cœur ie ne veux plus regner.
O nobles sentimens d'vne ame genereuse !
Appuyez les transports de ma flâme amoureuse,
Monstrez-moy que l'amant doit pour l'objet aimé
Tout donner aux ardeurs dont il est consommé ,
Et ne rien conseruer de ces ames vulgaires
Qui veulent des faueurs qui ne leur coustent gueres.
Oüy, pour te posseder ie rononce à mon rang,
I'abandonne mon Trône & donnerois mon sang,
Cét amour violent dont ie ne suis plus maistre
Par mille beaux excez se veut faire connoistre,
Et pour faire vn miracle en t'vnissant à moy
M'oblige de descendre afin d'aller à toy.
Vse donc de tes droits & change en Republique
Les ordres souuerains d'vn Estat Monarchique,
Que par toy Rome soit dans son premier estat,
Rends luy sa liberté rappelle le Senat,
Et que dans l'Orient sa gloire restablie
Fasse craindre aux Tyrans les peuples d'Italie.
Ma Couronne est à toy garde-là, s'il te plaist,
Ou la foule à tes pieds toute riche qu'elle est,
Tu ne sçaurois souffrir Rome dans l'esclauage,
Tu veux que ie m'y mette & que ie l'en dégage ,
Mais pour rendre ton nom fameux en l'Vniuers
Viens m'asseruir toy-mesme & va rompre ses fers.

ISIDORE.

ISIDORE.

Ah! ne me flatte pas de tant de complaisance,
Ie ne m'abuse pas d'vne veine apparence.

VALENTINIAN.

Moy ne te tenir pas ce que ie te promets,
Ah! que plûtost le Ciel me punisse à jamais.

ISIDORE.

Mais ce n'est pas assez pour flechir mon courage
Si tu veux m'acquerir fais encor dauantage,
Punis-toy du passé, dépouille-toy des biens
Et rends tant de tresors pris à tes Cytoyens,
Rappelle du Tombeau ceux que ta Tyrannie,
Ou ton iniuste amour ont priué de la vie,
Maxime qui pour estre à soy-mesme inhumain,
Pour immoler ton sang me refusa sa main,
Lors qu'exilant Eudoxe vne émeute publique
Alloit faire cesser ton regne tyrannique,
Luy dont l'ombre sanglant m'accusera là-bas,
D'auoir esté par toy cause de son trépas.
Ah! ce funeste objet rentre dans ma pensée,
Et d'vne froide horreur mon ame en est glacée.

VALENTINIAN.

Si ce n'est pas assez de renoncer à soy,
D'abandonner ma gloire & mon trône pour toy,
De m'accabler de fers en les ostant à Rome
Et d'vn grand Empereur viure comme vn autre
      homme,
D'oublier mon repos contre toute raison,
Me dépouiller des biens & perdre ma maison,
Si ce n'est pas assez belle & chaste Isidore,
Pour preuuer son amour à celle qu'on adore,
Il faut passer plus outre, & par de grands efforts

Rappeller le passé, ressusciter les morts,
Forcer les Élemens, & dans cette aduenture
Ayant vaincu la mort confondre la nature.
Le Ciel qui veut aider les bons desseins que i'ay
Est prest de témoigner que i'en suis protegé,
Et veut d'vn grand miracle & de ses mains puis-
　　santes
Appuyer les effets de mes vertus naissantes :
Promets-moy seulement d'auoir vn peu d'amour,
Et Maxime viendra des tenebres au iour,
Mais las ! s'il reuiuoit quoy que tu me promettes,
Tu brûlerois encor de ses flames secrettes.

ISIDORE.

Ah ! que n'est-il possible en cette extremité,
Tu verrois iusqu'où va ma generosité,
Et tu reconnoistrois la force de mon ame.

VALENTINIAN.

Pour le ressusciter promettez donc, Madame,
I'entendray prononcer cét Oracle à genoux
Auec tous les respects qu'on doit auoir pour vous,
Madame, iurez donc.

ISIDORE.

　　　　Il est hors d'apparence.

VALENTINIAN.

Mais au moins trompez-moy d'vne vaine espe-
　　rance,
Et quand ie perds pour vous le beau titre de Roy
Feignez de faire au moins quelque chose pour moy.
Payez d'vn vain effort vne terre affranchie
Qui ne se verra plus dessous la Monarchie.

ISIDORE.

L'honneur de deliurer les peuples oppressez

Est

Est sans doute beaucoup, mais ce n'est pas assez ?
Maxime est mort, Seigneur, ô desespoir sensible !
VALENTINIAN.
Promettez il viura.
ISIDORE.
                    Promettre l'impossible,
Ce n'est que vous aigrir dans vostre passion.
VALENTINIAN.
Mais ie vous en auray mesme obligation,
Si ie descends pour vous à cette complaisance
D'affranchir le pays sans autre recompense,
Sur vn point impossible au moins en me flattant,
De quelque vain espoir rendez mon cœur content
Iurez donc par l'honneur & par l'intelligence
Qui fait trembler les Cieux au bruit de sa ven-
     geance,
Que voyant Rome libre, & Maxime viuant.
ISIDORE.
Mais pourquoy me flatter d'vn espoir deceuant ?
VALENTINIAN.
Dans l'aise de le voir vous finirés ma peine,
Puisque sa seule mort m'attira vostre haine.
ISIDORE.
Dans le noble dessein d'affranchir mon païs
Sur vn point impossible à la fin i'obeïs,
Et veux bien vous iurer par tout ce que i'adore.
Que ie vous aimeray si Maxime est encore,
Ma generosité ne treuuant plus chez vous,
En des traits d'assassin des objets de courroux.
VALENTINIAN.
Vous me le promettez.

C 4

ISIDORE.
                    Oüy, oüy, ie vous le iure,
Par les Dieux, par l'honneur, par toute la nature?
Que desirez-vous plus.
            VALENTINIAN.
                    Ah! c'est trop de bonté.
            ISIDORE.
Mais au moins imitez ma generosité,
Et ne pouuant enfin ressusciter Maxime
Agissez comme moy d'vn œil tout magnanime,
Et pour payer l'effort qui dompte mon courroux
Faites autant pour moy que i'aurois fait pour vous,
Et Maxime estant mort faites reuiure Rome.
            VALENTINIAN.
Madame benissez le feu qui me consomme,
C'est par luy que Maxime & Rome reuiuront,
Mais c'est trop retarder la gloire qu'ils auront,
Et c'est trop differer à remplir vostre attente,
Ie vais tout reparer pour vous reuoir contente,
Et vous veux tesmoigner apres cét entretien
Qu'vn miracle est possible à quiconque aime bien.

SCENE II.

ISIDORE, ALCIRE.

ISIDORE.

HElas!
            ALCIRE.
            Fut-il iamais de passion plus forte.
            ISIDORE.

ISIDORE.

Il ne se connoit plus quand l'amour le transporte,
Et croyant tout facile il promet aisement
Ce qu'il ne peut tenir que difficilement,
Aussi quand i'ay iuré d'aimer ce monstre horrible
C'est à condition qu'il fera l'impossible,
Et ie puis, m'asseurant qu'il ne le fera pas,
Reprendre ma parole & ne la tenir pas.

ALCIRE.

Mais comment tout d'vn coup calmer vostre furie

ISIDORE.

Parce qu'il m'a promis d'affranchir ma patrie,
Et qu'en luy promettant de le considerer,
S'il fait reuiure un mort i'ay dequoy m'en parer,
Et sans rien relascher de mon humeur altiere
Ie le mets en estat d'accorder ma priere,
N'estant pas dispensé de faire ce qu'il veut,
Et puis, s'il faut t'ouurir le fonds de ma pensée,
La gloire d'affranchir nostre Rome oppressée,
Et de donner la vie à qui ie dois le iour,
M'inspire des ardeurs plus fortes que l'amour.
Il est beau qu'vne fille en l'honneur de sa race,
Marche dessus les pas de Sceuolle & d'Horace ?
Puisqu'à dire le vray les bras d'vn monstre affreux
Egalent en horreur les gouffres & les feux,
Et peuuent m'acquerir par des peines semblables
De ces vaillans Heros les titres honorables.
Comme eux pour seruir Rome il faudroit : mais,
    ô Dieux !

ALCIRE.   ISIDORE.
Quel mal.
            Vois quel objet se presente à mes yeux.

C 5

SCENE III.

ISIDORE, ALCIRE, ALBIN, MAXIME.

ALBIN, Luy presentant Maxime.

Madame c'est ainsi qu'en son amour extréme,
L'Empereur tient parole! adieu faites le
mesme?
Dedans son cabinet les plus grands des Romains,
Taschoient de l'empescher de suiure vos desseins;
Mais forcé de tenir la parole donnée
Il va tout disposer pour ce grand Hymenée,
Et craignant de gesner vostre esprit combattu
I'ay charge pour laisser agir vostre vertu,
De dire seulement en faueur de sa flâme,
Qu'il a tenu parole, & qu'il attend Madame.

ISIDORE.

Hé! comment accorder en ce mortel effroy
Le discours que i'entends auec ce que ie voy?

MAXIME.

Ah! Madame.

ISIDORE.

Ah! Maxime...

MAXIME.

O dure violence.

ISIDORE.

Ie ne te puis parler, explique mon silence.

MAXI

MAXIME.

I'ay tout sceu, ma Princesse, & comme on supposa
Le corps d'vn criminel dont la mort t'abusa.

ISIDORE.

Mais sçais-tu plus encor.

MAXIME.

                    Ah ! mal inconsolable,
Ie sçay de vos sermens l'Arrest inéuitable ?
Albin me les a dit en m'amenant icy.

ISIDORE.

Ah ! que i'ay de douleur.

MAXIME.

                      Ah ! que ie souffre aussi.

ISIDORE.

Que mon cœur a reçeu de sensibles attaintes.

MAXIME.

Que de maux à preuoir.

ISIDORE.

                  Que de pleurs.

MAXIME.

                          Que de plaintes.

ISIDORE.

A quel prix auons-nous le bien de nous reuoir.

MAXIME.

Esperons tout d'amour.

ISIDORE.

                  Craignons tout du deuoir,
Et puis que mes serments me tiennent engagée
Cesse de prendre part aux maux d'vne affligée,
Oste de ta memoire vn souuenir fatal ,
Et nous tire tous deux d'vn trouble sans égal.

MAXI

MAXIME.

O funeste aduenture !

ISIDORE.

O triste destinée !

MAXIME.

O Ciel impitoyable !

ISIDORE.

O fille infortunée !
Puis qu'enfin mon honneur me contraint en ce iour
De fuir sans balencer les conseils de l'amour.

MAXIME.

Quel Dieu m'assistera dedans cette aduenture,
Te dois-je conseiller de te rendre pariure ?
Et dans les mouuemens dont ie suis combattu
Pour écouter l'amour d'oublier la vertu.
Non, ton cœur est trop bon & mon ame trop haute,
Rougissons à l'enui d'vne si belle faute,
Toy de m'abandonner ayant sceu me cherir,
Moy de te conseiller ce qui me fait mourir.
Ton grand cœur & le mien de nos mal-heurs complices,
Veulent nous signaler par des fameux supplices,
Et plus nostre infortune a de seuerité
Plus nous deuons monstrer de generosité.
Ne crains point de bassesse en mon amour extreme,
Ie sçay qu'en te perdant ie perds tout ce que i'ayme,
Mais i'ayme mieux tout perdre & ne te pas aymer
Que de te donner lieu de me pouuoir blasmer :
Ie ne puis t'accuser d'vn changement loüable
Qu'vn excés de vertu doit rendre venerable,
Et puis que ton mal vient d'auoir iuré pour moy
Ie dois en t'excusant faire vn effort pour toy.

Ce n'est pas vous, Grandeur, qui me l'auez rauie,
Ce n'est pas auſſi vous, ô douceur de la vie,
Ce n'est l'ambition ny l'eſpoir du bon-heur
Mais c'est ſon trop d'amour, & la gloire, & l'hon-
  neur :
Illuſtres ennemys de ma bonne fortune
Adorables Tyrans dont le zele importune,
Puis-je en m'abandonnant à vos ſeueres loix,
Sans choquer mon deuoir murmurer vne fois.
Mais contre le Tyran arme-toy, mon courage,
Dégageons ſa parole.

ISIDORE.

            Ah ! change de langage,
Ma parole donnée auec le nom d'eſpoux
Le doiuent garentir des traits de ton courroux,
Ma foy luy ſert de garde, & quoy qu'il entre-
  prenne
Le ſerment qui me lie eſt plus fort que ma haine.

MAXIME.

Hé ! bien qu'il viue donc, mais ie promets en vain,
Il faut pour nous vanger qu'il meure de ma main,
Par vn tel ſtratagême engager vne femme
C'est par des beaux moyens forcer le corps &
  l'ame :
C'est vn rapt manifeſte, & c'est nous obliger
Toy de tenir parole, & moy de te vanger.
Ces genereux Romains, qui d'vne noble audace
Preſts de vanger l'exil, d'Eudoxe & d'Vrſace,
Imploroient mon ſecours quand ie fus arreſté,
Acheueront le coup quand ie l'auray porté.

ISIDORE.

Moy ie te le deffends.

MAXIME

MAXIME.

Hé bien ie rends les armes,
Qu'vn monstre soit en paix possesseur de tes
charmes,
Mourons.

ISIDORE.

Separons nous

MAXIME.

Helas !

ISIDORE.

Fais cét effort,
De crainte que quelqu'vn ne voye ton transport,
Tu ternirois ma gloire, & ie suis peu sensée
D'écouter vn discours qui blesse ma pensée.

MAXIME.

Helas comment te perdre, & ne pas éclatter !

ISIDORE.

Ou cesse de t'en plaindre, ou ie te vais quitter,
Porte moy du respect iusqu'en t'on aduersaire,
Qui sera mon époux.

MAXIME.

Hé bien il se faut taire ?
Mais...

ISIDORE.

N'en dis point de mal.

MAXIME.

Reduit au dernier point.
Ie n'en parleray plus mais ne me quitte point?
Quoy faut-il qu'vn Tyran.

ISIDORE.

Tu retombes encore.
Adieu...

MA

MAXIME.

Pardonne-moy trop charmante Isidore,
Ie ne diray plus rien, mais si pres du trépas
Que ie te voye au moins en ne te parlant pas,
Tyran. Mais ie ne puis m'empescher de m'en
    plaindre,
Ie retourne en ma faute, & c'est trop me côtraindre,
Adieu ie connois bien que ie suis transporté.

SCENE IV.

ISIDORE, MAXIME, ALCIRE, PHOCION.

PHOCION.

Madame on vous attend.

ISIDORE.

        O ! dure extremité.

PHOCION.

Dans ce second Hymen Rome verra sans haine
Celle qui establit la liberté Romaine,
Et Valentinian m'enuoye vous querir
Pour rompre sa Couronne

ISIDORE, en soupirant.

    Allons ! Allons mourir.

SCE

SCENE V.

MAXIME.

HE! quoy ie pourray viure aprés cette disgrace,
Et la verray partir sans mourir sur la place.
On outrage mes Dieux, on enleue mon bien,
On m'arrache le cœur & ie n'entreprens rien,
Quelle est cette langueur, & qu'attend mon cou-
  rage ?
Est-il besoin d'vn ordre où l'honneur nous engage ?
Et mon bras pour punir vn Tyran inhumain
Attend-t'il qu'on luy mette vn fer dedans la main?
La generosité de ma chere Isidore
S'attache aux interests d'vn monstre qu'elle abhorre,
Et forçant les transports d'vn noble mouuement
L'oblige de parler contre son sentiment,
Elle deffend la main qui la priue de vie
Mais il la faut seruir, & contre son enuie,
La tirant des liens où sa vertu l'a mit
Faire pour la sauuer plus qu'elle ne permit.
Charmans persecuteurs, doux Tyrans de mon ame,
Complices de mes maux, chers enfans de ma flâme,
Heroïques ardeurs, transports reueillez vous
Et venez m'enflammer d'vn violent courroux,
Ie vays par vn grand coup seruir ma renommée,
Mon amour, ma patrie, & la personne aymée :
Et seray trop heureux de perir estimé,
Mourant pour la patrie & pour l'objet aymé.

Fin du second Acte.

ACTE

ACTE III.

SCENE PREMIERE.

HONORIQVE, TRAZILLE.

HONORIQVE.

PEut-on oüyr parler d'vne pareille audace?
Quel esprit enragé, quel demon.

TRAZILLE.

             Mais de grace,
Puisqu'alors vous estiez auecque l'Empereur,
Contez-moy cette histoire.

HONORIQVE.

           Elle me fait horreur,
Quand Valentinian eut contraint Isidore,
A l'hymen qui le pert, & qui nous deshonnore,
Vous sçauez qu'il voulut que chacun le quittat,
Hors Heracle.

TRAZILLE.

        Il est vray mesme dans cét estat,
Redoutant iustement vne femme irritée
Ie pensay le fascher.

HONORIQVE.

        Si tost qu'il l'eust quittée,
Dedans son cabinet il reuint tristement,

D

Où Martian & moy l'attendions seulement,
Appuyé sur Heracle, & n'ayant d'autre escorte
Qu'vn page qui tenoit des flambeaux à la porte,
Il s'en alloit entrer quand i'apperceus de loing
Quelqu'vn derriere luy tenant l'espée au poing.
Ie n'eus pas plûtost veu cés horrible spectacle
Que ie fis vn grand cris qui fit trembler Heracle,
Et Valentinian tressaillant à son tour
Se destourna du coup qui le priuoit du iour.

TRAZILLE.

Et l'assassin.

HONORIQVE.

Fuyant à la faueur des ombres,
Et cherchant du Palais les endroits les plus sombres,
Se sauua sans qu'on peut apprendre quel il est.

TRAZILLE.

Ie crois que d'Isidore il prenoit l'interest.

HONORIQVE.

Ie le crois comme vous , & l'Empereur de mesme,
Il m'en a fait paroistre vn déplaisir extreme,
Et demeurant confus de cette trahison,
C'est trop souffrir, dit-il, i'en auray la raison,
Puis en se promenant d'vn alleure pressée
Respondant quelquefois d'vn mot à sa pensée
Leuant les yeux en haut & pleignant ses malheurs,
Il n'a pû s'empescher de répandre des pleurs,
Et tout à coup aprés d'vn air inconsolable
Les mains dessus ses yeux s'accoudant sur sa table,
Demeurant immobile & long-temps sans parler
Il m'a d'vn ton plaintif prié de m'en aller,
Et par vn grand sanglot, sans parler dauantage,
Il m'a fait son excuse en tournant le visage.

TRA

TRAZILLE.

N'a t'il point soupçonné Maxime sans raison ?

HONORIQVE.

Il luy croid trop de cœur pour cette trahison,
Puis la taille & l'habit m'ont bien fait reconnoistre
Quand l'assassin fuyoit que ce ne le peut estre,
Mais enfin ce cher frere en quittant son erreur
Ne voudra plus quitter le titre d'Empereur,
Et ne poursuiura point pour vne desloyale
De perdre la grandeur de sa maison Royale.

TRAZILLE.

N'a t'il pas enuoyé des couriers au Senat ?

HONORIQVE.

Il les rapellera pour le bien de l'Estat,
Et ie l'obligeray pour sa gloire & la mienne
De manquer de parole à qui manque à la sienne.

TRAZILLE.

Ces genereux discours & ces rares bontez
Sont d'assez bons témoins du lieu d'où vous sortez,
Et si ie ne craignois de me couurir de blasme
En vous offrant icy mon bras contre vne femme,
Vous me verriez respondre à vos nobles ardeurs,
Et du sang d'Isidore appuyer vos grandeurs,
Vous qui m'auez rendu l'esprit & le courage
En me debarrassant d'vne jalouse rage,
Qui me faisoit penser que des traits de pitié
Estoient enuers Maxime vn effet d'amitié,
Pardon si i'auois eu trop aymable Princesse,
Auecque tant d'amour cette iniuste foiblesse :
Mais quoy peut-on aymer sans estre vn peu jaloux
Quand l'objet que l'on ayme est aussi beau que vous?
Et doit-on s'en promettre vne faueur insigne

Quand on ſçait comme moy que l'on en eſt indigne ?

HONORIQVE.

Seigneur mal à propos nous parlerions d'amour,
Lors que le tẽps ſe preſſe à produire vn grand iour.
Adieu vous ſçauez biens pour conſeruer l'Empire,
En voyant l'Empereur ce qui luy faudra dire.

TRAZILLE.

Ie ne m'oublieray pas.

HONORIQVE, bas.

Tout va bien iuſqu'icy.

TRAZILLE , bas en s'en allant.

Lâche tu ſçais bien feindre & ie feins bien auſſi,
Et pour mieux trauailler à deſtruire Maxime
Ie ne te montre point de ſoupçon de ſon crime.

SCENE II.

HONORIQVE.

Charmant ſupplice de mon ame
Celeſte & cruel enchanteur,
Dieu des ſouſpirs , Demon de flame
Doux Tyran , dangereux flateur,
Amour ie ſçay que tu m'engages
Sur vne mer pleine d'orages,
Où l'on ne connoit point les delices du port.
Mais ie ne crains point le naufrage,
Et quelque froide horreur que donne ſon image,
Il faut m'eſloigner du riuage
Et treuuer auec toy le triomphe ou la mort.

I'aime

I'aime, & dans mon amour extreme,
Mon erreur va iusqu'à ce point
Que ne pouuant aimer qui m'aime
I'aime ce qui ne m'aime point :
Ainsi donc, Amour tu te mocques
Et par des peines reciproques
Tu punis les mortels qui viuent sous ta loy :
On m'est cruel, ie suis cruelle
I'en appelle vn coupable alors qu'on me l'appelle,
Et dedans ma douleur mortelle
Ie demande vn secours qu'vn autre attend de moy.

Ouy ie l'aime sans esperance
L'ingrat qui se rit de ma foy,
Et ie paye d'indifference
Les feux qu'vn autre sent pour moy.
Amour vient consoler mon ame
Rends-moy de glace ou luy de flame.
Ou punis ses mespris ou gueris mes douleurs,
Mais que ie suis peu raisonnable
D'appeller à mon ayde vn Tyran redoutable
Qui rend mon mal inconsolable
Et voudroit que mon sang coulast auec mes pleurs.

O mort ... mais que voudroit cette desesperée,
Qui du sang de son Prince est tousiours alterée.

SCENE III.

ISIDORE, HONORIQVE.

ISIDORE.

MAdame sortez vous d'auecque Monseigneur?
Le voit-on.

HONORIQVE.

Il repose.

ISIDORE.

Ah ! tirez-moy d'erreur,
Est-il vray que le bras d'vn parricide infame :
A pensé le frapper.

HONORIQVE.

Vous le sçauez Madame,
Et ie tiens superflu de vous conter comment.

ISIDORE.

On me le vient de dire en mon apartement,
Et dans les ambarras d'vne frayeur mortelle
Ie viens tout en desordre en sçauoir la nouuelle,
Sans estre accompagnée aussi-tost mon deuoir
M'a fait icy voler.

HONORIQVE.

Quand vous le pourrez voir,
Vous le deuez blâmer de ce qu'il se hazarde,
Et luy donner conseil de redoubler sa garde.

ISIDORE.

Moy....

HONORIQVE.

Parce qu'on ne sçait ce qui peut arriuer
Et principalement quand il vous va treuuer,

Vous

Vous l'aimez, & l'aymant bien plus qu'il ne vous
    ayme
Ie croy que vous viuez en luy plus qu'en vous
    méme,
Et que vos interests sont attachez aux siens.

ISIDORE.

Pour conseruer ses iours ie donnerois des miens,
Et prenant interest en tout ce qui le touche
Quoy qu'vn soleil n'ayt pas esclairé nostre couche,
Ie partage auec luy la peine & le bon-heur,
Et veut dans mes ennuys viure en femme d'hŏneur.

HONORIQVE

Les ennuis sont legers qui trauaillent vostre ame.

ISIDORE.

Ils sont tels qu'il vous plaist, mais ie les sens, Ma-
dame.   ### HONORIQVE.

L'on vous offence donc en vous faisant du bien.

ISIDORE.

Que l'on m'offence ou non, ie ne me plains de rien.

HONORIQVE.

Mais peut sans vengeance andurer vn outrage?

ISIDORE.

Oüy lors que la vertu sçait regler le courage.

HONORIQVE.

Le mal que l'on descouure est plus doux à souffrir.

ISIDORE.

Le mien est de nature à n'en iamais guerir.

HONORIQVE.

Ie donnerois beaucoup pour vous voir plus heu-
    reuse.

ISIDORE.

Vous vous repentiriez d'estre si genereuse,

HONORIQVE.

Pourquoy me repentir de ces bons mouuemens?

ISIDORE.

Pour me voir peu respondre à vos beaux senti-
mens.

HONORIQVE.

Tant pis alors pour vous si vous estiez ingrate.

ISIDORE.

On regrette vn bienfait quand le mespris esclate.

HONORIQVE.

Quoy qu'aues des mespris on payat des bienfaits
Le sang des Empereurs ne se repent iamais.

ISIDORE.

Et celuy des Romains plain d'vne noble audace
Du sang des Empereurs ne voudroit point de
grace.   **HONORIQVE.**

L'Empereur toutesfois nous en fait auiourd'huy.

ISIDORE.

Il fait iustice à Rome & trauaille pour luy.

HONORIQVE.

Mais pour ses Souuerains Rome prit nos an-
cestres.

ISIDORE.

Rome n'a reconnu que les Dieux pour ses maistres.

HONORIQVE.

Ils ont esté pourtant les Rois de l'Vniuers.

ISIDORE.

Ce sont des afranchis qui rompirent leurs fers.

HONORIQVE.

Vous offencez mon frere en parlant de la sorte.

ISIDORE.

J'honore sa personne & hay le nom qu'il porte.

HONO

HONORIQVE.

Vous le traiteriez mal en ayant le pouuoir.

ISIDORE.

Il me sera tres-cher en faisant son deuoir.
Et l'honneur me le rend d'autant plus cherissable
Qu'il quitte vn droit pour moy qui le rendoit cou-
　pable,
Enfin dessus vn point où l'honneur nous regla
Ie n'en croiray iamais la veufue d'Attila,
Luy qui se fist nommer le fleau de la guerre.

HONORIQVE.

Vous le rebut des eaux & l'horreur de la Terre,
Si l'Empereur n'estoit dans vn profond repos
I'yrois luy raconter tous ces piquants propos.

ISIDORE.

I'attendray son réueil pour luy dire moy-mesme.

SCENE IV.

ISIDORE , ALCIRE.

ISIDORE.

A S-tu veu son orgueil?

ALCIRE.

Madame il est extreme.

ISIDORE.

Peut-on estre reduitte à de plus grands malheur?

ALCIRE.

Consolez-vous, Madame, & retenez ces pleurs.

ISIDORE.

Ah! qu'il est mal-aisé que l'ame se console

Quand la raison conſent au dueil qui la deſole,
Et que mal à propos nous faiſons vanité
D'vne vertu qui tient de l'inhumanité,
Croyant Maxime mort pour ſauuer ma patrie
I'ay tracé le chemin par où ie ſuis perie.
Et faiſant des ſerments que l'honneur m'inſpiroit
I'ay perdu pour jamais celuy qui m'adoroit,
Aujourd'huy que l'honneur l'arrache de mon ame
Et fait de grands efforts pour eſteindre ſa flâme,
Lors que ſa paſſion éclatte malgré moy
L'on me tient ſa complice & l'on blâme ma foy,
Ah! ſerments trop toſt faits. Ah! funeſte memoire,
Pourquoy le creus je mort ?

ALCIRE.

Comment ne le pas croire,
Et comment diſcerner quarante iours aprés
Qu'vn homme s'eſt noyé, ſon viſage & ſes traits.
Non, non, mal à propos ce regret vous trauaille,
Ce mort euſt de Maxime & le poil & la taille,
Et le plus clair-voyant euſt crû que ce l'eſtoit
Luy voyant ſeulement la bague qu'il portoit.

ISIDORE.

Helas! c'eſt cette bague ou plûtoſt ce cher gage,
Qui d'vn voile de pleurs me couurit le viſage,
Elle qu'il eut de moy pour flatter ſon ennuy,
Et qu'Heracle luy prit en joüant auec luy.
Mais prenons les conſeils d'vne ame raiſonnable,
Le chemin le plus rude eſt le honorable,
Et la gloire qui tient le compte de mes maux :
Ne me veut couronner qu'apres de longs trauaux
Oublions vn amant, ſi l'amour qui l'anime
Ne ſe peut empeſcher de le noircir d'vn crime

Et

Et faiſons gloire enfin de cherir vn eſpoux
Qui ſe deffait d'vn crime en s'attachant à nous,
Forte ſeuerité qui ſouſtiens mon courage
Viens t'oppoſer aux traits du Tyran qui m'ou-
    trage,
Deſarme cét amour qui nous veut deſ-vnir
Et qui fait plus d'effors eſtant preſt de finir.
Maxime eſtre oublié, ouy puis qu'il eſt coupable,
Mon ame le peux-tu, non, il eſt trop aimable,
Et de quelque action qu'on le puiſſe blâmer
Ie ne me puis reſoudre à ne le point aymer,
Ah! que dis-je, Ah! que faire en ce deſordre
    extreme,
Mais ne vois-je pas, Alcire.

ALCIRE.

C'eſt luy meſme.

SCENE V.

ISIDORE, MAXIME, ALCIRE.

ISIDORE.

Maxime qu'as-tu fait ? que viens-tu de
    tenter ?

MAXIME.

Madame, l'Empereur ne ſçauroit s'en douter,
Et ie ne penſe pas qu'on ayt pû me connoiſtre,
Puiſque du cabinet voyant quelqu'vn pareſtre,
Le coup eſtant leué ie n'oſay l'acheuer,
Afin deſtre en eſtat de me pouuoir ſauuer.

ISIDO

ISIDORE.

Mais ie te defendois cette action blâmable.

MAXIME.

Trouuant l'Empereur seul & l'heure fauorable,
Tout d'vn coup la fureur qui regne dans mon sein
Me mit ce fer en main sans en auoir dessein,
Mais dans le mesme instant craignant de vous
   desplaire
I'auois desia rougy du coup que i'allois faire,
Et quand ie n'aurois pas eu peur d'estre aperceu
Mon bras auroit tousiours demeuré suspendu.

ISIDORE.

Pourquoy veiller si tard? si tu n'auois enuie
De me desobeir en attaquant sa vie,
Et pourquoy te treuuer dans le Palais alors
Si tu n'estois guidé par d'aueugles transports?

MAXIME.

Ah! Madame, excusez en parlant de la sorte
Si ie me laisse aller au courant qui m'emporte,
Et m'ose émanciper iusqu'à vous discourir
D'vn amour que l'honneur vous deffend de
   souffrir.
Ouy, i'estois au Palais, mais tout ainsi, Madame,
Qu'vn corps qui ne sçauroit abandonner son ame,
Et par de vains efforts tâche de differer
Le rigoureux moment qui les doit separer,
Mon amour excessif estant au dernier terme
Ne vouloit point quitter le lieu qui vous renferme,
Et me persuadoit qu'espris de vos appas
Ie treuuerois l'Enfer où vous ne seriez pas.
Aussi lors que de loin ie vous suiuois sans cesse
Mes yeux vous adoroient à trauers de la presse,

I'enuiois

J'enuiois le bon-heur des lieux où vous marchiez,
Ie baignois de mes pleurs tout ce que vous touchiés,
Et quand l'obscurité me donnoit la licence
D'exaler les ardeurs d'vn feu plein d'innocence,
Par mes tristes sanglots i'inuoquois le trépas,
Et baisois mille fois la trace de vos pas,
Dans les vastes detours de ces sombres demeures
Mon ardent desespoir ne compta point les heures,
Et perdant pour iamais le soleil de mes yeux
Ie ne vis point coucher celuy qui brille aux Cieux,
Errant comme vn phantosme & cherchant les lieux
    sombres
La tristesse m'aprit à viure auec les ombres,
Et ne me permit pas de voir d'autres clartez
Que celle que l'amour attache à vos beautez.

ISIDORE.

Ah! retiens ces souspirs.

MAXIME.

                    Ah! pardonnez Madame,
A ces tristes enfans d'vne mourante flâme,
Ces mal-heureux témoins sont aux derniers abois,
Et vous parlent d'amour pour la derniere fois,
Helas!

ISIDORE.

            Helas Maxime! en cét estat funeste
Mes larmes sont pour toy le seul bien qui me reste
Ne pouuant te donner quand tu pers tout pour me
Que ce que la pitié me demande pour toy,
Les sanglots, les soupirs, la tendresse & les plaintes.
Descouurent de l'amour les secrettes attaintes,
Et nature permet seulemint à nos pleurs
D'estre les truchemens de nos viues douleurs.

                                    Icy

Icy tout m'est suspect & la vertu m'ordonne
D'estre plûtost auare en ce que ie te donne,
Que d'estre liberale aux déspens de ma foy
Et de me voir contrainte à plus que ie ne doy ;
Tu sçais bien que nostre ame a de certaines pantes
Dont l'abord est charmant & les routes glissantes,
Que par trop de clartez elle peut s'aueugler :
Et va par fois plus loing qu'elle ne croit aller
Aussi pour preuenir ces dangereuses suites
Souffre que ie me donne à ces sages conduites,
Qui d'vn œil preuoyant nous forcent d'éuiter
Tout ce qui pour nous perdre a droit de nous flatter.
Tu m'es cher & les Dieux à qui tout est visible
Connoissent à quel point ta perte m'est sensible,
Et quelle violence il faudra que l'honneur
Fasse pour arracher ton portraict de mon cœur.
Ie ne t'en puis donner de plus grands témoignages
De peur de rappeller de charmantes images,
Qui par vn doux transport flattant mon souuenir
Ne t'y fissent rentrer quand ie t'en veux bannir,
Mais veux-tu signaler par des excez loüables
D'vn vertueux amour les titres honorables
Et ne nous plus causer de tourmens superflus,
Faisons effort, Maxime, & ne nous voyons plus,
D'vn genereux mespris paye vne malheureuse
Qui veut en te quittant parestre genereuse,
Reprens le trait fatal dont son cœur fut attaint,
Et cesse de brûler quand son feu s'est esteint :
Va t'en sors du Palais & songe ie te prie,
Que si quelqu'vn passoit dans cette gallerie,
N'ayant pour tous témoins qu'vne fille auec nous
L'on pourroit m'accuser de quelque rendés-vous,

Et

Et dans la conionЛure où sont toutes les choses,
Jmputer ces effets a de honteuses causes :
Va t'attends le réueil de Valentinian.

MAXIME.

Madame.

ISIDORE.

L'on viendra.

MAXIME.

Ah! ie meurs ?

ISIDORE.

Ah ! va t'en.

MAXIME.

Hé bien , si vous voulez que ie vous abandonne
Donnez m'en dont la force , ou qu'amour me la
  donne,
Dans mes bruslants transports ie reste sans vigueur
Et pers en vous perdant & l'esprit & le cœur,
Vous auez oublié pour seruir la patrie
Celuy qui vous auoit si tendrement cherie,
Vous m'auez deffendu l'vsage des souspirs,
Vous troublés mon repos, vous blâmez mes plaisirs,
Vous m'ostez les douceurs d'vne iuste vengeance,
Me deffendez l'espoir de la moindre alegence,
Et m'accablant d'ennuis par vn long desespoir
Vous me voulez encor deffendre de vous voir.
Helas ! considerez qu'en cét estat funeste
Vos regards son enfin le seul bien qui me reste,
Que sans eux ie renonce à la clarté des Cieux,
Et que ie ne puis viure esloigné de vos yeux.

ISIDORE.

Ah ! que tu connois mal les troubles de mon ame ?
Ie souffre plus que toy.

MAXIME.

MAXIME.

Vous ne pouuez, Madame,
Puisque dedans mon cœur ie porte mon Enfer
Et des maux dont vn Dieu ne pourroit triompher.

ISIDORE.

Esloigne-toy de grace.

MAXIME.

Où voulez-vous que i'aille.

ISIDORE.

Va chercher la victoire au fort d'vne Bataille
Va purger de Tyrans & la terre & les mers
Et remplir de ton nom tout ce vaste Vniuers,
Pour diuertir le cours de mes peines mortelles
La gloire me viendra dire de tes nouuelles,
Et nous rencontrerons par de nobles efforts
L'vnion des esprits en diuisant les corps,
L'honneur qui me deffend de te voir dauantage
Ne me deffendra pas d'admirer ton courage,
Et quand ie n'auray plus l'espoir de te reuoir
Ie m'émanciperay sans choquer mon deuoir,
Et rappellant alors ton fantosme agreable
Ie ne rougiray point de t'aduoüer aymable,
Et de m'abandonner à ces feux innocens
Qui flattent nos esprits sans échauffer nos sens,
Que desire-tu plus, adieu, crois que ie t'ayme
Et qu'en t'abandonnant ma douleur est extreme.
Ah! c'est trop ma vertu se plaint de cét adüeu.
Adieu.

MAXIME.

Souffrez au moins ces restes de mon feu,
Et sur ces belles mains.

ISIDORE.

ISIDORE.
                    Ah! que fais-tu Maxime,
Va prens des sentimens dignes de mon estime
Et ne t'abaisse pas à des lasches desirs
Qui portent nostre Idée à des honteux plaisirs.
Adieu, i'entens au bruit l'on sort.
MAXIME.
                    Ah! ie rends l'ame.

SCENE VI.

VALENTINIAN, ISIDORE, VN GARDE, ou Albin.

ISIDORE.

Mon amy puis-je entrer.

LE GARDE, ou Albin.
                    L'Empereur sort Madame.
VALENTINIAN.
D'où venez-vous Madame, comment osez-vous
Venir voir si ie suis échappé de vos coups,
Quelle fureur vous trouble & quel transport vous
    guide
A venir acheuer le coup d'vn parricide.
ISIDORE.
Moy Seigneur?
VALENTINIAN.
                    Vos conseils sont fort mal assisté
                                        E

Et ie reste viuant du coup qu'il a porté.

ISIDORE.

Ah Seigneur ! mes conseils.

VALENTINIAN.

           Oüy tes conseils perfide
Femme pernicieuse execrable homicide,
Toy pour qui i'immolois ma gloire & ma grandeur,
Et que i'auois cherie auecque tant d'ardeur.
Ah ! tu le disois bien que tu voulois ma vie
Helas ! que de douleurs elle sera suiuie,
Et que pour mon repos il eust bien mieux valu
Qu'vn traistre m'eust frappé d'vn bras plus resolu
Cette lasche action m'est d'autant plus sensible
Qu'elle me fait paroistre vne haine inuincible,
Qu'elle part d'vn objet en qui ie me fiois
Dans les beaux sentimens que i'y presupposois.

ISIDORE.

Hé quoy.

VALENTINIAN.

       Tu ne sçaurois me tromper danantage
Toute ma passion s'est conuertie en rage,
Mes feux en desespoir, mes respects en fureur
Tes beautez en deffauts & ta grace en horreur,
Mes yeux sont dessillez ie n'ay plus d'indulgence
Ie brûle seulement du desir de vengeance,
Il ne me reste plus ny pitié ny bonté
Et ie n'ay plus pour toy que de la cruauté
Ie te veux voir mourante au milieu des supplices
Obseruer tes sanglots en faire mes delices,
Te donner d'heure en heure à des tourmens nou-
    ueaux
Et faire vanité d'animer tes bourreaux.

Va

Vn desespoir horrible est maistre de mon ame
Ie n'ay plus pour objets que le fer & la flâme,
Et dans ces grands transports l'amour n'est plus en
    moy
Qu'vn Dieu de sang , de cris , de courroux & d'ef-
    froy,
Albin que l'on l'emmeine , & qu'on cherche Ma-
    xime.

ISIDORE.

Ah Seigneur !

VALENTINIAN.

Mon conseil iugera de ton crime
C'est toute la faueur que tu dois esperer.

ISIDORE.

Ie souhaite le coup qui nous doit separer,
Et benis les decrets de cette main puissante
Qui me veut couronner en mourant innocente
Ie ne m'éclaircis point allons sortons d'icy
Vous desirez ma mort ie la desire aussi,
Et de mes tristes iours la course est si funeste
Que ie puis sans regret perdre ce qui m'en reste.

VALENTINIAN.

Ah Dieux ! que ce discours me touche viuement
Albin.

ALBIN.

Seigneur.

VALENTINIAN.

Au moins traittez-là doucement,
Mais qne fais-je... écoutez... quelle erreur est la
    mienne.

ALBIN.

Seigneur...

VALENTINIAN.

Ie la veux voir faites qu'elle reuienne,
Toutesfois ... c'est en vain, allez & gardez bien,
Que ce charmant objet ne se plaigne de rien,
Et renuoyez tous ceux qui vous seruoyent d'escorte
O foible dangereux ! ô passion trop forte !
Helas ! en quel estat m'ont reduit mes transports
Pour ne m'abandonner qu'à de presens remords
Amour ... mais le voicy cét objet adorable
Cessez de souspirer ? ô charmante coupable,
Ma bonté vous fait grace & ne sçauroit souffrir
Vne punition qui me feroit mourir,
L'astre qui presidoit au point de ma naissance
Par les impressions d'vne forte influence,
Me prescriuit la loy d'vn doux attachement
Et la necessité de mourir en aymant,
Ie ne m'en deffens point & veux quoy qu'il arriue
Finir en vous aymant d'vne ardeur excessiue
Vostre haine ne peut attirer mon courroux
Ie ne vous puis hayr estant hay de vous
Mon cœur est tout de feu quand le vostre est de
   glace
Quand vous me condamnez, ie signe vostre grace,
Quand vous causez mes maux ie finis vos dou-
   leurs
Et vous offre mon sang pour espargner vos pleurs,
Ouy sans faire vn coupable en abbregeant ma vie
Prenez ce fer Madame & suiuez vostre ennie
Au moins en la perdant par de si belles mains
Ie ne me plaindray point de ces beaux assassins,
Ah ! si vous connoissiez le mal in'exprimable,
Que souffre incessamment vn amant veritable

Quand

Quand tout bruslant d'amour il est mes-estimé
Et veux tousiours aimer sans espoir d'estre aimé,
De quelque forte aigreur dont vous soyez atteinte
Vostre ame se rendroit plus sensible à ma plainte
Et succombant aux coups d'vne iuste pitié
Vous payeriez au moins mon amour d'amitié,
Oublions le passé ne parlons plus de crime
Prenez vostre pardon, ie le donne à Maxime,
Mais pour me contenter veillez vous repentir,

ISIDORE.

Ie ne puis confesser de crime sans mentir,
Et vous tachez en vain de m'y vouloir contraindre.

VALENTINIAN.

Vous auez vostre grace à quoy vous sert de feindre

ISIDORE.

Ie resteray sans grace, & vous mal satisfait
S'il s'agit d'aduoüer ce que ie n'ay pas fait.

VALENTINIAN.

La mort à des douceurs qui ne font point d'enuie.

ISIDORE.

La mort à des douceurs aussi bien que la vie.

VALENTINIAN.

Aduoüez donc au moins qu'assez mal-aisement
Maxime obtint de vous vn tel consentement.

ISIDORE.

Non ie n'aduoüeray rien que l'honneur n'autharise
Ie suis fort innocente & cela vous suffise.

VALENTINIAN.

Ah! quelle ingratitude apres vn tel bienfait.

ISIDORE.

Enfin c'est perdre temps.

Oüy Madame en effet.
Allez ie ne veux plus vous voir ny vous entendre
Et n'eſtoit les efforts d'vne amitié ſi tendre,
Qui me laiſſent pour vous vn amour ſans pareil
Vous vous iuſtifieriez deuant tout mon conſeil,
Et nous verrions apres ſi vous ſeriez abſoute
Mais enfin pour Maxime il perira ſans doute,
C'eſt vn point reſolu qu'on le treuue au plutoſt
Et qu'on le traiſne apres deſſus vn échefaut,
Pour ce traiſtre il n'eſt plus d'azile & de refuges.

ISIDORE.

Les Tyrans font les loix & les Dieux ſont leurs
iuges.

Fin du troiſiéme Acte.

ACTE

ACTE IV.

SCENE PREMIERE.

ISIDORE, MAXIME.

MAXIME.

*P*Endant que l'Empereur souspirant sa disgrace
Tasche à se diuertir dans les iardins d'Horace,
Et que par son absence il diserte ce lieu
Ie viens vous y redire vn eternel adieu
En vain son grand courroux à menacé ma teste
Puisque dans son Palais ie braue la tempeste
Lors que pour me soustraire à son ressentiment,
Sa sœur me tient caché dans son appartement,
Cependant qu'il employe vne peine inutile
A me faire chercher dedans toute la ville.

ISIDORE.

Voy si quelqu'vn passoit ce qui peut arriuer.

MAXIME.

Ie cherche de me perdre & non de me sauuer,
Pour vous voir vn moment dans mon amour ex-
treme
Ie quitte mon azile & renonce à moy-mesme.

ISIDORE.

Mais d'où vient qu'Honorique a pris ton in-
terest.

MAXIME.

C'est qu'elle plaint son frere aueugle comme il est
Et me croit innocent de tout ce qu'il m'accuse.

ISIDORE.

C'est quelque autre raison & celle-là t'abuse.

MAXIME.

C'est donc que nos malheurrs excitent sa pitié.

ISIDORE.

Elle n'a pour nous deux que de l'inimitié.

MAXIME.

Mais toutesfois Madame , il n'est point de ren-
contre
Où pour mes interests son zele ne se monstre,
Et c'est elle qui fist , comme on sçait à la Cour
Que Valentinian , me conserua le iour.

ISIDORE.

Te peut elle estimer quand elle me querelle.

MAXIME.

Vous...

ISIDORE.

Demeurons-en là , mais enfin crains tout d'elle

MAXIME.

Dieux ! elle me faisoit équiper vn vaisseau
Pour me sauuer ce soir à la faueur de l'eau ,
Et dans son cabinet m'asseuroit elle mesme :
Auec mille bontez.

ISIDORE.

Peut-estre qu'elle t'aime.
Et me hait comme obstacle à son intention

Et fuis d'vn lieu fatal où ie suis menacée.

MAXIME.

Helas que deuiendray ie en vous ayant laissée,
Pour la derniere fois ie reuiens vous treuuer
Pour obtenir de vous le bien de vous sauuer,
Ayant sçeu qu'vn Tyran dans sa fureur ialouse
Vous traitte comme Esclaue, & non pas comme
  espouse,
Qu'il menace vos iours, vous qui le conseruées
Et qui faites pour luy plus que vous ne deuez,
Mais ne prodiguez plus des bontez condam-
  nables
Que l'on peut accuser de tant d'actes coupables,
Et n'ayez plus pour luy des generositez
Qui donnent lieu d'agir a tant de cruautez,
Cessez de m'apaiser quand l'amour me transporte
N'arrestez point mes coups quand la raison les
  porte,
Laissez agir mon bras à l'instant qu'il vous sert
Et ne deffendez plus le monstre qui vous pert,
Ie ne sçaurois souffrir qu'vn Tyran vous menace,
Et vous reduise au point de luy demander grace
Ie ne puis endurer qu'il se plaigne de vous
Ny souffrir qu'il vous parle autremēt qu'à genoux,
Qu'il soit dans le respect ie souffriray sa flame
Qu'il vous donne son cœur ie luy quitte vostre
  ame,
Qu'il espargne vos pleurs il me sera tres-cher
Et quelques interests qui me puissent toucher,
Ie me ressouuiendray dans mon malheur extreme
Que ie dois respecter la moitié de vous méme,
Mais quand il vous expose aux traits de son
  courroux

E 5

Ie ne le connois plus pour estre vostre époux,
Aussi vos deux moitiés ont trop de dissemblance
L'vne est toute de crime & l'autre d'innocence,
Ce meslange funeste est vn assortiment
Qui cònfond la lumiere auec l'aueuglement.

ISIDORE.

Ah ! cesse de t'en plaindre.

MAXIME.

　　　Helas il vous possede !

ISIDORE.

O triste destinée !

MAXIME.

　　　O malheur sans remede !
C'est moy qui vous engage en ce funeste sort.
Helas ! permettez-moy d'empescher vostre mort,
Ou bien que ce Tyran se soûmette à vos charmes
Et mon obeïssance abandonne les armes.

ISIDORE.

Qu'il abbrege plûtost le destin de mes jours
Et voy sans repugnance en terminer le cours,
Reueille-toy Maxime, & chasse de ton ame
Cette sombre fureur qui noirciroit ta flâme ;
Eleue tes desirs que trop d'ardeur abbat,
Et viens chercher la gloire au milieu du combat,
Suis-moy dans les trauaux où la vertu m'appelle,
Viens me parler d'amour en souffrant auec elle ;
Et chassant de ton cœur de honteux mouuemens,
Ne t'abandonne plus qu'à de hauts sentimens :
Si le Ciel m'a soûmise au pouuoir d'vn Barbare
Garde de murmurer du coup qui m'en separe,
Et crois qu'en expirant mon destin sera beau
S'il me fait retrouuer ma franchise au tombeau,

　　　　　　　　　L'honneur

L'honneur qui me lia d'vne chaisne sacrée
D'vne si forte estrainte affermit sa durée,
Que plus i'en sentiray les effets rigoureux
Et plus i'auray de force à redoubler ses nœuds ;
De mes longues douleurs la suitte inconsolable
Est de mes passions, le supplice equitable :
Et celuy que tu dis vn monstre couronné,
Est vn iuste Tyran que les Dieux m'ont donné ?
Que veux-tu dauantage adieu ie crains Maxime
Que mon trop de pitié ne degenere en crime,
Et qu'enfin ma vertu s'émancipant vn peu
Ne m'oblige à rougir apres vn tel adueu,
Va t'en reuoir l'infante & pour sauuer ta vie,
Fuis promptement.

MAXIME.   Helas !
ISIDORE.

Accorde mon enuie,
Et si iamais tu viens dans ces funestes lieux
Respecte mon Tyran, comme tu fais nos Dieux.

MAXIME.

Triste raisonnement d'vne ame genereuse
Helas ! puis-ie souffrir de vous voir malheureuse,
D'autant plus qu'en vos maux on me pourra
    blasmer
Si vous ne les souffrez que pour me trop aimer :
Est-il condition plus dure & plus cuisante
Que de voir endurer vne diuine Amante ?
Qui par trop de vertu cherissant son tourmant
Faist gloire de mourir en souffrant pour l'Amant,
Certes celuy qui voit ce spectacle & l'endure
Egale en fermeté la roche la plus dure
A le cœur tout de glace & restant sans pitié

Ne fut iamais touché d'vne vraye amitié,
C'est vn monstre de mer, c'est vn barbare, vn
    Cithe,
Sans raison, sans amour, sans cœur, & sans me-
    rite,
Qui ne reconnoissant les hommes, ny les Dieux,
Est l'horreur de la terre & la haine des Cieux.
Non ie n'escoute plus ces vertus heroïques
Qui souffrent sans punir des flames Tyranniques,
Et ne puis appreuuer la generosité
Qui deffend le party de l'inhumanité,
S'il faut par vos tourmens illustrer ma memoire
Ie suis lasche Madame, & renonce à la gloire,
Ce sentiment farouche excite mon courroux,
Et ie ne connois plus d'autre vertu que vous,
N'importe que percé de mille hallebardes
Ie tombe aux pieds d'vn lâche accable de ses
    Gardes,
Pourueu que dans son sein i'enfonce ce poignard.
La mort pour m'enleuer viendra tousiours trop
    tard,
Puisqu'en vous deliurant ma ioye est si parfaite,
Que ie treuue vn triomphe en ma propre deffaite,
Il vaut mieux que ie meure en vengeant nos
    malheurs
Que de finir mes iours par mes propres douleurs.
Helas! quelle infortune est pareille à la nostre?
Il faut enfin mourir d'vne façon ou d'autre.

ISIDORE.

Ah! Maxime retiens ces transports superflus,
Et sois plus raisonnable, ou ne me parle plus,
Dedans ton desespoir ouure les yeux de l'ame,

Et

Et confidere enfin comme vne honeſte femme.
Doit ſouffrir vn diſcours qui menace vn eſpoux.
Si tu ne peux calmer ce violent courroux,
Eſloigne toy de grace & preuiens la menace
Que mes ſeueritez veulent que ie te face,
Ie ſens que ma vertu ſe plaint de tes diſcours,
Et qu'enfin mon honneur s'apreſte à ſon ſecours
Tout eſt dedans mon cœur ligué pour ſa deffence
Et pour vaincre vn amour, qui choque l'inno-
    cence
Ces eſprits enflammez, qui me preſſoient pour toy,
Sont des-ja reuoltez & s'arment contre moy,
Hé quoy ſi ie t'aimois & ſi tu m'as aimée,
Pour toy dois ie haïr ma propre renommée,
Ne te puis-je cherir ſans bleſſer ma vertu ?
Non, non, releue enfin ton eſprit abbatu,
Car quoy que face en moy cette flatteuſe Idée
Qui de douces erreurs m'a touſiours obſedée,
Ie n'en ſuis point eſclaue & ſes plus grands efforts
Ne peuuent m'emporter, qu'à d'innocens tran-
    ſports.
Aime-moy i'y conſens, mais d'vn amour tranquille:
Qui ramene au deuoir ton eſprit indocile,
Qui rende la vigueur à des feux innocens
Et qui puiſſe accorder l'eſprit auec les ſens:
Car enfin ſi iamais ta paſſion hazarde
L'eſpoux, dont ma parole eſt la plus ſeure garde,
Et ſi iamais l'amour te faiſoit oublier
Le reſpect de ce nœud qui vient de nous lier,
Ie iure de nos Dieux la bonté Souueraine
Que toutes mes ardeurs ſe changeroient en haine
Et que ie n'aurois point de reſpect aſſez fort
                                        Qui

Qui me peut empescher de demander ta mort

MAXIME.

Ah ! Dieux.

ISIDORE.

Ce coup sanglant eut esté supportable,
Quand le nom de Cesar le rendoit haïssable,
Mais depuis que de Rome il est liberateur,
Qu'il dispute de gloire auec son fondateur,
Qu'il m'a tenu parole ; à la fin quoy qu'il face,
Resolut-il ma mort, ie luy donne sa grace.
S'il vient de s'emporter iusqu'à me condamner,
Dans son aueuglement il est à pardonner
Il me croit ta complice , & de la moindre larme,
Si ie veux il faudra que l'amour le desarme.
Mais enfin mon bon-heur est de finir mon sort
Ie luy donnay ma vie & ie te dois ma mort,
Honneur, amour, deuoir que ie suis miserable !
Ie deffends vn époux sans le treuuer aymable
Et maltraitte vn amant qui m'est cher ; mais ô
*   Dieux*
Ie tremble que quelqu'vn ne te treuue en ces lieux,
I'entends du bruit, helas ! i'ay trop de complaisance
Fuis. Adieu.

MAXIME.

La douleur m'impose le silence.

SCENE II.

MAXIME, HONORIQVE, OCTAVE.

MAXIME bas.

Qve ce fascheux objet suruient mal à propos !

HONORIQVE.

Seigneur continuez ces obligeans propos,
Il est beau d'exposer la gloire d'vne femme,
Dont l'indiscretion se va couurir de blâme,
Et dont l'impieté par vn hardy dessein
Contre son propre sang protege vn assassin
Comment ? quand ie prens soin de sauuer vostre
   teste
Vous exposez la mienne aux coups de la tempeste,
Et lors que ma bonté vous tient secrettement
Caché dans vne chambre en mon apartement,
Attendant que la nuit couure de voiles sombres
Vostre vaisseau fuyant à la faueur des ombres,
Vous osez-vous montrer & n'apprehendez pas
De hazarder icy vos iours & mon trépas.
Ah ! quoy que vous fassiez pour obliger vn autre,
Songez que ma fortune est desormais la vostre
Qu'apres ce que pour vous ie viens de faire icy
On ne vous perdra point qu'on ne me perde aussi :
Et qu'vn demon fatal ioint à vos destinées
Les restes malheureux de mes tristes années,
Par ce discours Seigneur, ne comprenez - vous
   point
                       Que...

Que .... ma temerité va iusqu'au dernier point,
Helas reconnoisses , mais....

MAXIME.

                 Dans ce bon office,
Ie sçay que vos bontez vous rendent ma complice,
Qu'en m'accusant Madame , on vous peut con-
   damner,
Mais l'Empereur vous ayme , & vous doit par-
   donner.

HONORIQVE bas les vers.

Ah! que tu connois mal les troubles de mon ame,
Ie diray plus Seigneur .... mais c'est trop.

MAXIME la voyant long-temps sans parler.

                   Quoy Madame.

HONORIQVE.

Ah ! dois-je declarer mes feux à cét ingrat ?
I'ayme .... ouy i'ayme peu le bien de cét estat.
Puis qu'enfin ie deffends son mortel aduersaire?
Ah ! Seigneur est-ce aymer .... Dieux est-ce ay-
   mer mon frere
I'ay pensé m'eschaper : ô ma langue ! ô mon cœur.

MAXIME.

Madame ce grand trouble est l'effet de la peur,
Et ie reconnois bien que vostre ame inquiete
Ne sçauroit demeurer dans vne égale assiette,
Que craignant le reproche elle voudroit laisser
Le party d'vn ingrat , qu'elle vient d'embrasser
Et que tantost l'honneur & la pitié la pressent.
Mais quoy qu'en ma faueur ces Tyrans s'inte-
   ressent,
Soyez indifferente , & ne m'honorez plus
D'vne bonté funeste & de soins superflus.

                              Le

Le trépas a pour moy des douceurs qu'on ignore.
Ma gloire est de perir, mourant pour Isidore,
Et si sa belle main me peut fermer les yeux
Ie renonce aux douceurs, qu'on gouste dans les
  Cieux.

HONORIQVE.

Ah ! que vous payez mal mes bontés apparentes
Lors que vous les tenés si fort indifferentes.
Mais il m'est bien aizé d'interrompre leur cours,
Et si i'ay trauaillé pour deffendre vos iours,
Ie sçauray bien changer vne lasche indulgence
Aux nobles mouuements d'vne iuste vengeance
Ouy, quoy que i'aye dit que vos iours sont les miens
Pour me garentir seule, il reste des moyens
Domptant cette pitié qu'vn vain espoir fit naistre.
Ie n'auray plus de part aux interests d'vn traistre.

MAXIME.

Madame....

HONORIQVE.

C'en est trop, ne me parlés iamais
Quoy que vous me disiés, ie vous hay deformais
Et quoy que vous fassiés, ou que vous puissiés faire,
Ie ne vous connois plus que pour mon aduersaire.
Ie veux par vos tourments appaiser vos douleurs
Et de tout vostre sang ie veux payer ces pleurs.

MAXIME.

Madame vous pleurés ?

HONORIQVE.

Ouy barbare ie pleure
N'en est-ce pas assés, & veux-tu que i'en meure,
Ie suis au desespoir de voir encor le iour.

F

MAXIME.

Dequoy vous plaignés vous ?

HONORIQVE.

Dequoy ? de ton Amour,

Recommence cruel , & me le dis encore :
Ma gloire est de perir mourant pour Isidore
Ce sont tes mémes mots.

MAXIME.

Et mes vrays sentiments.

Mais peuuent-ils causer ces grands emportements,
Et par qu'elle raison les excés de ma flame
Ont-il droit d'eciter ces troubles dans vostre ame ?

HONORIQVE.

Tu ne connois que trop , que mon cœur irrité
Se plaint qu'on paye mal ma generosité :
Mais i'auray la raison d'vn traittement si rude,
Et sçauray me venger de ton ingratitude,
Ie te feray connoistre en l'estat ou ie suis
Et tout ce que ie souffre , & tout ce que ie puis.
Il n'est plus de pardon ie suis trop outragée
Apres tant de mespris , ie veux mourir vangée,
Ta mort seule à pouuoir d'appaiser ma fureur.

OCTAVE.

Madame.

HONORIQVE.

Que veux-tu ?

OCTAVE.

I'ay crû voir l'Empereur.

HONORIQVE.

Dieux... dans mon cabinet ; retire-toy de grace ;
Au point de me vanger ma colere se passe,
C'est assez que ie puis te perdre, si ie veux,

Que

Que de foiblesse amour accompagne tes feux.
Ie voudrois me vanger, & n'ose l'entreprendre :
L'Empereur vient.

MAXIME.
Tant mieux.

HONORIQVE.
Garde bien de l'attendre,
Octaue prens le soin de me faire obeïr ;
Fais le entrer. Ah ! pourquoy ne le pouuoir hair.

SCENE III.

VALENTINIAN, TRAZILLE,
HONORIQVE, ALBIN.

VALENTINIAN parlant à Trazille sans voir
sa sœur.

Allez qu'on le saisisse & qu'aduoüant son
crime
Il apprenne à parler en faueur de Maxime ;
Qu'il meure l'insolent, qui m'appelle inhumain,
Quand ma iuste fureur s'arme contre vn Romain,
Et dit que ie ne puis iustement le proscrire.
Ah ! ie leur monstreray que c'est à moy l'Empire,
Et que l'ayant quitté pour vn objet ingrat
Ie puis bien le reprendre auecque plus d'éclat.

HONORIQVE.
Hé quoy Seigneur !

VALENTINIAN.
Olimbre au milieu de la place,

F 2

Disoit insolamment deuant la populace,
Que les Romains estoient en plaine liberté,
Et que pouuant agir de leur authorité,
Ils deuoient s'opposer au trépas de Maxime
Puisque l'on ne pouuoit verifier son crime.

HONORIQVE.

Seigneur vous sçauez bien qu'il est consideré
Et qu'au bruit de sa mort le peuple a murmuré.
Qu'il seruit bien le peuple ayant esté patrice,
Et qu'il ne voudra pas endurer qu'il perisse,
Ie vous ay toûjours dit que c'est mon sentiment.
Maxime a trop de cœur & trop de ingement,
Pourfaire vne action si lasche & si brutale,
Mais vous ne voulez pas perdre vne desloyale
Dont la seule malice & l'animosité
Ont desseigné le coup que l'on vous a porté.

VALENTINIAN.

Mais Trazille sçait bien que Maxime est coupable.

HONORIQVE bas.

Le traistre. Mais...

VALENTINIAN.

*　　　　　　　Enfin Isidore est aymable.*
Et ie tremble en songeant qu'vn chef-d'œuure si
*　　beau*
Doit passer de mes bras dans les mains d'vn bour-
*　　reau,*
O Dieux! que l'amant souffre vne douleur extreme,
Lors qu'il est obligé de perdre ce qu'il ayme,
Et que l'on doit le plaindre à l'instant qu'i
*　　voudroit*
Témoigner du courage, & qu'il ne le sçauroit
Helas ! pourquoy chercher dans les iardin,
*　　d'Horace,*
*　　　　　　　　　　　　　　　　　　　　Vn

Vn doux amusement pour flatter ma disgrace :
L'amour me suit par tout, il est dans mon penser
Et si ie ne me pers, ie ne l'en puis chasser.
O desespoir iniuste ! ô matiere de larmes !
O Femme ! mais plustost, ô Demon plain de
    charmes !
Que de fascheuses nuits tu mesles à mes iours,
Et que de longs ennuits menacent mes amours?
Toy qui cause mes maux puissance souueraine
Qui verse dessus nous & l'amour & la haine.
Destin qui nous entraisne auec rapidité
Force les dures loix de ta fatalité,
Pour destourner le coup de ma fureur extreme ;
Au moins pour vn moment fais qu'Isidore
    m'aime,
Ou si tu ne veux pas la reduire à ce point
Au moins pour vn moment fais que ie n'aime point
Chere sœur que dè peine, & que d'inquietude !

HONORIQVE.

Seigneur ne songez plus à son ingratitude,
Et pour vostre homicide ayez moins de bonté,
Elle a trop de deffauts.

VALENTINIAN.

           Elle a trop de beauté,
Que n'est-elle innocente autant qu'elle est aimable,
Ou que n'est-elle enfin moins belle, ou moins cou-
    pable.
Iuste Ciel denois-tu pour enrichir son corps,
Desployer ta puissance & tes plus grands tresors,
Pour ne l'embellir pas de ces diuines flames
Dont les saintes ardeurs forment les belles ames.
Ah ! denois-tu laisser ton chef d'œuure imparfait.

HONORIQVE.

C'eſt vn monſtre Seigneur ?

VALENTINIAN.

En effet, en effet,
I'ay trop de laſcheté d'aimer cette cruelle,
Ie ne veux plus auoir que de l'horreur pour elle,
Il faut que ma vengeance eſclatte deſormais.
Amour ſors de mon cœur & ny rentre iamais,
Tu m'impoſes des loix auec trop de foibleſſe
La tendreſſe me choque, & la pitié me bleſſe,
Pour vn ingrat objet ie n'en dois plus auoir
Tu me preſſes en vain ; ie ne la veux plus voir,
Ses yeux ·rallumeroient par leurs regards fu-
neſtes
De mon amour eſteint les pitoyables reſtes,
Et mon ame rebelle aux loix de la raiſon,
Ne voudroit plus guerir d'vn ſi charmant poiſon,
Qu'elle meure l'ingrate.

HONORIQVE.

O transport legitime

VALENTINIAN.

I'ay ſans ceſſe à mes yeux l'image de ſon crime,
Et ma triſte memoire ardante à la punir
M'en forme des tableaux, que ie ne puis bannir,
O rigoureux combat ! ô penible victoire !
Elle eſt dedans mon cœur, & dedans ma memoire:
Dans l'vne auec horreur, dans l'autre auec at-
traits,
Mais Dieux l'ayme-ie encor ? Ah ! ny penſons
iamais !
Ah ! tout me deſeſpere & rien ne me conſole
Chere ſœur adoucis l'ennuy qui me conſole,

Et

Et iusqu'a pres sa mort ayant pitié de moy
Treuue bon que sois tousiours auec que toy,
Et que fuyant les lieux ou furent mes delices,
Ie ne m'engage point en de nouueax supplices,
Ma Cour m'est importune , & ie luy veux
  cacher
Cette mauuaise humeur , qui ne te peut fascher
Albin....

ALBIN.

Seigneur

VALENTINIAN.

Cherchez Tibere en diligence ,
Qu'il vienne chés ma sœur , il n'est plus d'indul-
  gence,
Ie signeray sa mort malgré tous ces appas
Entrons , ie sens des maux pires que le trépas.

Fin du quatriesme Acte.

ACTE V.

SCENE PREMIERE.

ISIDORE, ALCIRE.

ALCIRE.

MAdame l'on a veu des premiers de la ville
Qu'Olimbre conduisoit en poursuinant Tra-
zille
Et l'émeute paroit grande de tous costez.

ISIDORE.

Maxime n'est-il point parmy ces reuoltez,
Que ie crains... mais pourquoy cette terreur pa-
nique ?
Il doit estre sauué par les soins d'Honorique,
Et de tant de malheurs sa main la retiré.

ALCIRE.

Vos derniers entretiens l'auroni deseseré.

ISIDORE.

De quelque trait flateur que la pitié me touche
Mon cœur n'a toutefois point démenty ma bouche,
L'ay regret de le perdre & de le mal traitter
Mais tout ce que ie puis est de le regretter,
Les nobles mounemens que l'honneur me suggere
Sont

Sont d'vn ordre trop haut pour craindre sa colere,
Ils sont trop au dessus de ces bas sentiments,
Que la noblesse inspire à de foibles amants,
Et mes ardants desirs n'ont point pris de licence
Dont les emportemens blessent mon innocence.
Il est beau de se rendre à ses nobles efforts
Qui destachent l'esprit de la masse du corps,
S'il ne sçauroit m'aymer sans se rendre coupable
Il me fera plaisir de me croire haïssable,
Et s'il faut aujourd'huy rougir en l'estimant
Ie renonce au plaisir que i'auois en l'aymant.

ALCIRE.

Ah! c'est trop de vertu...

ISIDORE.

O reproche agreable!
Ce n'est que des vertus que l'excez est loüable,
Et lors que d'vn beau trait amour nous sçait blesser
Vn grand cœur s'en esleue au lieu de s'abaisser,
Il faut dans les trauaux où l'honneur nous engage
Par de masles efforts témoigner son courage,
Renoncer à soy-mesme, & ne point reprocher
Ce qu'on donne à la gloire encor qu'il couste cher,
Helas! ie l'ay perdu pour sauuer la patrie.
Helas! ie l'ayme encor, mais ie hay sa furie,
Et quelque doux appas qu'il étale à mes yeux
Ie n'apprehende plus de perdre vn furieux,
Estrange effet du sort dont ie suis poursuiuie.

SCENE II.

ISIDORE, ALCIRE, ALBIN,
OCTAVE.

ALBIN.

Madame l'Empereur vient de perdre la vie.
ISIDORE.

La vie...

ALBIN.

Il est trop vray ce grand homme n'est plus
Et sans vous amuser de discours superflus,
Il a finy ses iours par les mains de Maxime.
ISIDORE.

Ah Ciel ! viens me compter la suitte de ce crime,
Suy moy...

ALBIN.

Pour preuenir de dangereux effets :
Ie m'en vays mettre vn ordre aux portes du Palais,
Craignant dans ce malheur vne esmeutte publique
Mais Madame, esuités le courroux d'Honorique,
Et ne vous trouués point dans son apartement.
ISIDORE.

Compte moy donc la chose & parle asseurement.
ALBIN montrant Octaue.

Madame Octaue a veu comme elle s'est passée
Ie voudrois obeir mais l'affaire est pressée.
OCTAVE.

Madame l'Empereur vient d'entrer chés sa sœur,
Où

Où ne parlant de vous qu'auec beaucoup d'aigreur,
Voulant vous immoler à son iniuste enuie
Prest d'en donner l'Arrest il a perdu la vie.

ISIDORE.

Mais...

OCTAVE.

Que vostre bonté m'escoute, s'il luy plaist,
La Princesse m'a dit la chose comme elle est.
Par de profonds soûpirs exhalant sa tristesse,
Et tenant d'vne main celle de la Princesse,
Couché dessus vn lit pasle & defiguré,
Chère sœur, disoit-il, i'en ay trop enduré,
Il faut que ie la perde & que ie m'en deliure;
Ie sçay bien que sa mort m'empeschera de viure,
Et que le trait mortel qui frapera son cœur,
Passera iusqu'au mien par ma propre rigueur,
Mais n'importe... A ce mot, sans parler dauantage
Il se tourne & portant ses mains sur son visage,
Luy déroboit les pleurs qui couloient de ses yeux,
Quand tout d'vn coup Maxime a paru dans ces
     lieux,
Et sortant de derriere vne tapisserie,
Plus viste qu'vn éclair guidé par sa furie,
Deuant qu'on eust le temps de voir son assassin,
Luy plongea par deux fois son fer dedans le sein.

ISIDORE.

Dieux!

OCTAVE.

Alos la Princesse au desespoir reduite,
                              Par

Par vn grand cry m'appelle, & tous ceux de sa suite,
Nous entrons, & voyons l'Empereur dans son sang,
Et le fer de Maxime encore dans son flanc :
On se saisit de luy, cependant que i'essaye
D'assister l'Empereur, & de fermer sa playe.
Mais pour le secourir tous mes efforts sont vains,
Il veut que son sang coule & me retient les mains,
D'vn ton de voix mourant, n'est-ce pas Isidore,
Dit il, si ce ne l'est, hé bien viuons encore ?
Mais si ie n'ay l'honneur de mourir de ses coups,
Porte moy pour le moins mourir à ses genoux,
Que mon dernier soûpir...là tout son corps frisonne
La mort frappe son cœur, son ame s'en estonne,
Et dans des flots de sang dispute encor son droit,
Cependant qu'en mes bras le corps tombe tout froit.

ISIDORE.

Et Maxime...

OCTAVE.

Accablé des soldats de la garde
Alloit estre percé de coups de hallebarde,
Si la Princesse n'eust empesché son trépas.
Leur commandant cent fois de ne le tuer pas,
Pour apprendre de luy quels estoient ses complices
Et pour le reseruer à de plus grands supplices,
Mais en quelque danger qu'il soit precipité,
Madame vous pouuez le mettre en seureté,
Mon frere qui commande aux Archers de la porte,
Si vous le commandez souffrira bien qu'il sorte,
Et Iulle qui le garde en cette occasion,
S'excusera de tout sur la sedition.

Comme

Comme il est son amy...

ISIDORE.

N'en dis pas dauantage,
Et finis vn discours qui blesse mon courage,
Moy que ie m'interesse aux iours d'vn criminel,
Ah ! s'il est des cœurs bas , le nostre n'est pas tel;
Quelques attachements que i'aye à sa personne
Ie dois m'en separer quand l'honneur l'abandonne
Aussi tenans de luy tous respect superflus
Puis qu'il est sans vertu , ie ne le connois plus :
Va porter tes conseils a de ces ames basses
Qui restent sans vigueurs , dans les moindres dis-
   graces,
Qui ne veulent gouster que de honteux plaisirs,
Et n'ont iamais poussé de glorieux soupirs,
Ah Ciel ! quelques tourments que ta rigueur
   m'apreste
Enfin tu me vois calme au fort de la tempeste :
Frappe , frappe cruel , & redouble tes coups
Ie viens de receuoir le plus mortel de tous
I'ayme ce criminel , mais encor que ie l'ayme,
Ie le donne à l'honneur à qui ie suis moy-mesme,
Et quand ie pourrois seule empescher son trépas,
Apres ce qu'il a fait ie ne le voudrois pas.

ALCIRE.

Madame l'on l'emmeine.

Euitons sa rencontre.
Mais.... c'est icy qu'il faut que ma vertu se
montre,
Se dementiroit-elle ? Ah ! c'est trop s'esmouuoir.

SCENE III.

ISIDORE, MAXIME, OCTAVE, ALCIRE, & troupe de Gardes.

MAXIME.

Pour la derniere fois craignez-vous de me voir,
Madame, ah ! d'un regard en cét estat funeste
Témoignez que pour moy quelque bonté vous reste,
Et si ie fus l'objet d'vne sainte amitié,
Souffrez que ie le sois d'vne iuste pitié,
Ie ne demande point que malgré vostre enuie,
Par vn secours honteux vous prolongiez ma vie,
Mon destin est remply, mes vœux sont acheuez,
Et ie meurs trop heureux puis qu'enfin vous viuez.
Ie vous ay deliuré des noires destinées,
Dont vn Tyran jaloux menaçoit vos années,
I'ay par vn beau transport dégagé vostre foy
Pour faire tout pour vous i'ay tout perdu pour moy,
Et pour vous retirer d'vn malheur honorable,
Ie n'ay point redouté de vous estre effroyable,
Par le sang d'vn Tyran i'ay payé vos douleurs,
I'ay seruy la patrie, & iay vengé vos pleurs,
Et si i'en ay trop fait dans mon amour extreme,
I'ay

J'ay bien sceu vous vénger encore de moy-mesme,
Preuoyant les excez où mes miseres sont,
J'imitay prudamment ce vaillant Roy de Pont,
Qui cacha du poison dans son pommeau d'espée
Pour rendre de ses Dieux l'esperance trompée.
Prest à donner le coup pour qui ie soûpirois
J'estois bien asseuré que ie vous déplairois,
Et qu'en vous deliurant malgré vostre deffence
Ie deuois chastier ma desobeïssance,
Ie l'ay fait & prenant de ce mortel poison,
J'ay disposé mon cœur à cette trahison,
Luy qui plain de beau feu qu'inspire vostre image,
N'ozoit s'abandonner aux conseils de ma rage,
Et m'auroit resisté le plus qu'il auroit peu
Si ce venin fatal ne l'eust pas corrompu,
Helas si de mon sang sa glace esteint la flamme
Il n'obtiendra iamais ce pouuoir sur mon ame,
Le beau feu qui la brûle à des temperamens
Qui n'ont point de commerce auec les Elemens,
Et qui dans les horreurs de la nuit eternelle
M'échauferont encor d'vne ardeur immortelle.
    ISIDORE,   en soupirant.
Maxime....

MAXIME.

    Ah mon amour va iusqu'au dernier point!
Admirez-le Madame & ne vous rendez point.
Conseruez cette audace & ce masle courage
Qui font que ie vous aime encore dauantage,
Apres vne action, dont ie me dois blasmer
Ie rougirois pour vous, si vous vouliez m'aymer.
Ie renonce aux faueurs, dont ie me rends indigne,
Et ie serois fasché qu'vne foiblesse insigne

Des-hon

Des-honoraſt en vous ces vertuèux tranſports,
Qui me firent reſoudre à ces derniers efforts,
Si vous ne meritez mon trépas que i'apreuue,
Vous m'oſtez la douceur, qu'amour veut que i'y
  treuue,
Et m'empeſchez d'auoir la gloire d'expirer
Pour le plus digne obiet, que l'on puiſſe adorer,
Ie ne demande point dans mon amour extreme,
D'eſtre eſtime de vous autant que ie vous aime,
Mais quelque grand courroux, qui vous puiſſe
  animer
Ie ne me puis reſoudre à ne vous point aimer.

ISIDORE.

Helas! aurois-tu fait, ſi tu m'auois aimée,
Vne laſche action, dont ie ſeray blaſmée,
Non, non, en m'arrachant des bras de mon eſpoux,
Tu n'as abſolument ſeruy que ton courroux,
Tu ne pouuois ſouffrir, qu'il euſt la recompenſe,
Que ie deuois donner à ta perſeuerance,
Et ne pouuois comprendre en cette extremité,
Iuſqu'où pouuoit aller ma generoſité.
Mais enfin il eſt temps de la faire paroiſtre
Il faut me détacher des intereſts d'vn traiſtre,
Et banniſſant l'amour qui me parle pour luy,
Aux manes d'vn eſpoux l'immoler auiourd'huy.
Tu crains que ie me rende & que ie degenere,
Va, va, crains ſeulement de me voir trop ſeuere,
Et qu'en te pourſuiuant auec trop de rigueur,
Ie ne te donne lieu d'abaiſſer ce grand cœur.
Tu dis que du poiſon pris auant ce grand crime
Me deuroit appaiſer, te rendant ma victime,
Mais par quelle raiſon prenois tu deſſus toy

Le

Le droit de te punir qui n'estoit deu qu'à moy?
Pourquoy m'enuiois-tu la superbe victoire
D'immoler en ton sang mes plaisirs à ma gloire,
Et connoissant mon cœur pourquoy pretendois-tu
Par ta noire fureur d'instruire ma vertu?
Par du contre-poison fais que l'on te guarisse
Pour ne t'épargner par la peine du supplice,
Là ton cœur, mais quel bruit? Dieux!

SCENE IV.

ISIDORE, MAXIME, OCTAVE,
ALCIRE, OLIMBRE, TRAZILLE,
cœur du peuple Romain.

LE PEVPLE d'vne commune voix.

S Eigneur liberté.

OLIMBRE.

Soldats n'auancez pas, il est en seureté.

MAXIME.

Dieux! Olimbre...

OLIMBRE.

Seigneur le Ciel qui vous rend libre,
Veut encor vostre bras pour affranchir le Tibre,
Et le peuple Romain dans son iuste courroux,
Se souuient des bienfaits qu'il a receu de vous.
Il s'en alloit vanger la cruelle disgrace
De la diuine Eudoxe, & du vaillant Vrsace,
Ne pouuant plus souffrir l'outrage qu'on faisoit

G

A la mesme vertu, que l'on tyrannisoit,
Mais par d'autres desseins vostre main genereuse
En perdant un Tyran, va rendre Rome heureuse.
Vous auez preuenu le coup, qu'elle attendoit,
Et luy donnez bien plus qu'elle ne demandoit,
Possedez la Seigneur d'un esprit plus tran-
* quille*
Nul de vos ennemis ne reste que Trazille,
Luy qui m'auroit perdu sans un puissant secours,
Quand i'animois le peuple à defendre vos iours
Mais alors Photion par un bon-heur extreme
A commencé l'émeutte & l'a saisi luy mesme
Cependant que le peuple en sa iuste fureur
Crioit viue Maxime & meure l'Empereur.

SCENE V.

ISIDORE, MAXIME, OLIMBRE, OCTAVE, ALCIRE, HONORIQUE, LE PEVPLE, TRAZILLE.

HONORIQVE surprise de voir Maxime
& courant donner ordre à la sedition.

QVoy Romains est-ce ainsi que vostre cœur
  s'exprime
Flattant un criminel loin de punir son crime ?
OLIMBRE.
Ne croyez plus auoir de droit sur les Romains,
Maddame, Rome est libre, & n'est plus dans vos
* mains,*

Seigneur

Seigneur pour perdre un traistre , animez vostre
   haine
Et veuez receuoir la marque souueraine.
Le Peuple....

MAXIME.

     C'est assez ô genereux amis.
Vous souhaistez de moy plus qu'il ne m'est permis
Mais si quelque bonté peut vous rester encore
Donnez tous vos respects à ma chere Isidore,
Puisque ie vis en elle ; ayez soin de ses iours
Et quand ie seray mort honorez-la tousiours,
Vn poison violent dont ie sens les attaintes
N'exige icy de vous , que de legeres plaintes,
Ie ne demande point le haut gouuernement
Donnez à mes douleurs un souspir seulement,
Et m'accordez enfin bien plus qu'une Couronne
En regrettant pour moy le bien que i'abandonne.

OLIMBRE.

Dieux....

MAXIME.

   Mais c'est trop laisser Trazille dans les fers,
Deliurez-le.

OLIMBRE.

   Seigneur...

MAXIME à Trazille.

      Ie plains vos maux soufferts,
Dedans mon souuenir vostre crime s'efface
Mais aux pieds d'Isidore alez m'en rendre grace.

TRAZILLE.

Ah Seigneur ! c'est auoir encor trop de bonté.

ISIDORE bas.

Ah c'est trop de douleur !

HONORIQVE *Bas.*

                C'eſt trop de laſcheté,
Fuyons d'vn lieu faſal, ou tout nous abandonne.
        TRAZILLE *en la retenant.*
Quoy n'aduoüerez-vous pas la grace qu'on me
    donne,
Princeſſe, & ne ſçaurois-ie eſperer vn beau iour?
HONORIQVE *en luy iettant vn*
            poignard.
Suy moy, voila dequoy me preuuer ton amour.
            MAXIME.

Arreſtez-les, & vous trop charmante Iſidore
Source de mes plaiſirs, ſeul objet que i'adore,
Il faut dans les malheurs, dont ie ſuis combattu
Faire armes auiourd'huy de toute ma vertu,
Ie puis en prolongeant le cours de mes aunées
Par du contrepoiſon faire mes deſtinées,
Mon ſort eſt dans mes mains, & malgré tous les
    Dieux
Ie puis auiourd'huy viure, ou mourir pour vos yeux.
Mais ſi ie vous deſſleur il eſt bien raiſonnable
De ſeruir voſtre haine, & de perdre vn coupable
Au moins en cét eſtat quand ie me puniray.
Plus ie ſeray puiſſant, plus ie vous donneray.
Connoiſſez maintenant ſi l'intereſt m'engage,
Si pour vous poſſeder i'animay mon courage
Et reſpandis le ſang de ce monſtre amoureux
Ou pour vous deliurer, ou pour me rendre heureux.
Helas ! ie ſens déſia non cœur dans la foibleſſe.
            OLIMBRE.

Hé Seigneur permettés.

ISIDORE.

Helas!

MAXIME.

Que l'on me laisse.

Hé Madame veillez me voir & me parler
Icy vostre grand cœur se pourra signaler
Voyez encor ce fer teint de sang.

ISIDORE.

Ah barbare!

Ton amour est estrange & ta constance est rare,
Ta generosité dans l'excez des douleurs
L'emportant sur la mienne est digne de mes pleurs
Il faut qu'vn grand effort arrache de mon ame
Quelques mourants tesmoins au foible d'vne
  femme,
Et qu'en plaignant ton sort ie reçoiue de toy
L'insensibilité que ie croyois en moy.
Ie cede, mais au moins cette foiblesse est telle
Qu'elle ne rendra point ma pitié criminelle.
Ie ne m'abaisse point à ces honteux souspirs,
Qui flatent les douleurs par l'espoir des plaisirs
Ie renonce aux douceurs dont pour moy tu te priues:
Et loin de te vouloir conseiller que tu viues
Lors que par ton trespas tu punis ton forfait
Ie te l'ordonnerois si tu ne l'auois fait.
Mais quelque fermeté que la vertu me donne
Mon esprit s'en esmeut, & mon cœur s'en estonne.
Mon sang par vn instinct qu'on ne peut exprimer
Me refuse l'ardeur qui me doit animer,
Et d'vn glaçon mortel veut atiedir ces flames
Qu'vn veritable honneur inspire aux grandes ames.
Ah dieux! Iniustes dieux versez encor sur nous

Tout ce que vous auez de fiel, & de courroux,
Abandonnez ma vie à ces noires furies
Qui vous rendent fameux par tant de barbaries
Que leurs bruslants aciers secondant vos rigueurs
En dechirant mon cœur, m'accablent de langueurs
Et que tant de tourments signalent ma constance
Que mes derniers souspirs lassent vostre vangeance
Idoles criminels, de vos faibles esprits,
Dieux cruels! mais helas! où s'emportent mes cris?
Non, dedans les excez d'vn mal inconsolable
Cét aueugle transport doit estre pardonnable.
Ha! donnez-moy ce fer teint de sang: mais ô Dieux!
Quel soudain mouuement me saisit en ces lieux,
Ie sens dedans mon cœur vne vapeur de glace,
Qui le serre & l'estouffe. Ah destin!

      MAXIME.

          Hé de grace,
Souffrez que l'on vous maine en vostre appartament.

      ISIDORE.

Ie sens bien que ie touche à mon dernier moment:
Dedans cette contrainte vne noble faiblesse
Veut que ie meure icy de ioye & de tristesse
De douleur en sçachant ce que tu perds pour moy:
Et de ioye en voyant vn coup digne de toy,
Adieu ne me plains point.

      MAXIME.

        Helas!

      ISIDORE.

          Ie perds la vie,
Reconnois maintenant si tu m'as bien seruie.

            OLIM

OLIMBRE voyant Maxime qui tasche de
la suivre.
Elle est morte ; Seigneur où voulez-vous aller.

MAXIME.

La voir.

OLIMBRE.

Taschez plûtost de vous en consoler,
Que du contrepoison nous rende ce grand homme,
De qui nous esperons la liberté de Rome.

MAXIME.

Dans le cruel estat dont je ressens les coups
I'ay fort peu de memoire & de Rome & de vous,
Aprés tant de malheurs dans mon amour extreme
Ie ne reconnois plus ny les Dieux, ny moy-mesme.
Si vous m'estes amis, loing de me secourir,
Aydez à ce poison qui me fera mourir,
A son effort trop lent joignez vn coup d'espée.

OLIMBRE.

Plûtost qu'à vous guerir ma main soit occupée.

MAXIME.

Ie ne sçaurois guerir que par vn prompt trépas,
Percez ce cœur... mais quoy vous ne le faites pas,
Vne lache pitié vous rend inexorable.
O cruauté du sort ! ô destin lamentable !
Ie ne veux que la mort & ne la puis auoir.
Isidore...

OLIMBRE.

Seigneur, vous n'irez point la voir ;
Ce spectacle funeste.

MAXIME.

Ah ! souffrez cette ennuie,
Elle seule est enfin la source de ma vie,

C'est

C'est en la reuoyant.

OLIMBRE.

Nou Seigneur, c'est en vain.

MAXIME.

O secours haïssable ! amy trop inhumain.
Ah ! vous ne sçauez pas qu'Isidore a mon ame,
Que nous sommes brûlez d'vne pareille flâme,
Et que dans le tombeau sa belle ombre m'attend.
Ah ! ie leur parle en vain, personne ne m'entend ;
Mais pour me secourir c'est assez de ma rage,
De cent coups redoublez meurtrissons ce visage ;
Arrachons ces cheueux, & qu'vn dernier effort,
Me liure en triomphant dans les bras de la mort,
Faisons couler mon sang. Ah la douleur m'emporte.

OLIMBRE.

Seigneur, si vous mourez nostre esperance est morte.
Souffrez...

MAXIME.

Ah ! si iamais i'estois vostre Empereur,
Vous ne verriez de moy que des traits de fureur,
Mais helas ie succombe ! ah ma chere Isidore !

OLIMBRE.

Il faut le secourir tandis qu'il vit encore,
Pendant cette foiblesse il n'empeschera pas
Ce qui le peut sauuer des portes du trépas.

FIN.